Alexander Garth

Die Welt ist nicht genug

Wenn Menschen Gott entdecken

Über den Autor

Alexander Garth, evangelischer Pfarrer, Berliner Stadtmission, Gründer der Jungen Kirche Berlin, einer neuen evangelischen Gemeinde im Berliner Osten, zu der auch viele Menschen gehören, die aus einem nichtchristlichen Hintergrund kommen.

Alexander Garth

Die Welt ist nicht genug

Wenn Menschen Gott entdecken

Mix
Produktgruppe aus vorbildlich
bewirtschafteten Wäldern und
anderen kontrollierten Herkünften

Zert.-Nr. SGS-COC-1940
www.fsc.org
© 1996 Forest Stewardship Council

Verlagsgruppe Random House FSC-DEU-0100
Das FSC-zertifizierte Papier *München Super* für dieses Buch
liefert Arctic Paper Mochenwangen GmbH.

© 2010 by Gerth Medien GmbH, Asslar,
in der Verlagsgruppe Random House GmbH, München

1. Auflage 2010
Bestell-Nr. 816 556
ISBN 978-3-86591-556-6

Überarbeitung: Rabea Rentschler
Umschlaggestaltung: Agentur Buttgereit und Heidenreich,
www.gute-botschafter.de
Satz: Nicole Schol
Druck und Verarbeitung: CPI Moravia

Nachdruck, auch auszugsweise, nur mit Genehmigung des Verlages.

▶▶ Inhalt

Vorwort 7
Einleitung 9

Kapitel 1
Die Welt ist genug 11

Kapitel 2
Von „genug" zu „nicht genug" 31

Kapitel 3
Himmlische Begegnungen 43

Kapitel 4
Himmlischer Beistand 65

Kapitel 5
Wozu um alles in der Welt
lebe ich eigentlich? 87

Kapitel 6
Eine Frage des Weltbildes 121

Kapitel 7
Areligiosität und Kirche 141

Anmerkungen 173

Vorwort

Elektra, eine schöne, gefährliche Frau, Gegenspielerin von James Bond und besessen von dem Gedanken, die Weltherrschaft zu erlangen. Er hätte sie haben können. Er hätte Teil ihres Planes werden können, mit dem sie sich die Welt unterwerfen wollte. Er aber kennt nur eine Loyalität und Leidenschaft: den Dienst für Ihre Majestät, die Königin von England. Ohnmächtig ist er nun auf einen Stuhl geschnallt, eine Tötungsmaschine soll sein Genick brechen.

Elektra hebt an zum letzten Gespräch: „Ich hätte dir die Welt schenken können."

Verächtlich antwortet 007: „Die Welt ist nicht genug."

Einleitung

„Die Welt ist nicht genug." Dieser bedeutungsschwangere Satz aus dem gleichnamigen James-Bond-Film drückt wie kein anderer aus, was Religion ausmacht und was letztlich zu Religion führt: die Erkenntnis: Die Welt ist *nicht* genug. Der Mensch ist zu mehr bestimmt. Areligiosität als ein Phänomen der westlichen Gesellschaft folgt einem anderen fundamentalen Satz: „Die Welt *ist* genug." Dabei geht es nicht darum, wer recht hat. Dieses Buch versucht zu beschreiben, dass der Fundamentalsatz „Die Welt ist genug" ein logisches, in sich stimmiges Konzept umschreibt. Dennoch gibt es Menschen, die aus der Areligiosität zur Religion finden. Der Autor geht der Frage nach, warum Menschen von „genug" zu „nicht genug" gelangen und was diesen „Paradigmenwechsel" auslöst.

Kapitel 1

▶▶ Die Welt ist genug

Mao, Buddha, Schornsteinfeger – jeder glaubt an etwas? Anscheinend sind sich alle einig: Der Mensch ist unheilbar religiös. Jeder glaubt an etwas. Irgendwie. Auch Atheisten. Ungläubige gibt es nicht. Religion ist – so die Religionswissenschaft – ein *humanum*, etwas, das zutiefst zum Menschen gehört. Das Religiöse kann verdrängt oder säkularisiert sein. Aber es ist vorhanden. Man muss nur lange genug suchen, dann wird man schon fündig. Alle Menschen glauben irgendwie an etwas Höheres:

- an einen verborgenen Über-Sinn.
- an eine vernünftig waltende Natur. („Das hat die Natur so eingerichtet.")
- an eine über allen Menschen stehende Ideologie. („Die Lehren von Marx, Engels und Lenin sind allmächtig, weil sie wahr sind" – mit diesem Werbespruch war die ganze DDR zugepflastert.)

- an die Wissenschaft, die eines Tages der Natur alle Geheimnisse entreißen wird.
- an Blut, Rasse und Nation, so wie die Nazis.
- an die verborgenen Kräfte von Sonne, Mond und Sternen, die unser Schicksal vorherbestimmen und beeinflussen.
- an die geheimnisvolle magische Wirkung von bestimmten Steinen oder von magnetischen Strömen.
- an das gute alte Jenseits der Christen und anderer Religionen.

Sogar in der Banalität des Alltags entdecken manche das Religiöse. Das reicht vom „Kochen als religiöse Praxis" bis hin zur Berliner Designermesse, auf der Studenten Hightech-Sakralgeräte vorstellten, wie beispielsweise einen chipgesteuerten Weihrauchspender. Religiös erscheint nun alles, was irgendwie auf eine Transzendenz, auf etwas Größeres und Sinnvolles hinweist, in das sich der Mensch eingebunden weiß.

Ein Professor, der allen widerspricht

Gegen die Mainstream-These der Religionswissenschaft, dass kein Mensch ohne Religion sei, behauptet der Erfurter Philosophieprofessor Eberhard Tiefensee, dass es eine große Zahl von Menschen gibt, die völlig religionslos sind. Er nennt dieses Phänomen Areligiosität.[1] Areligiöse Menschen haben von Gott, Jenseits, Vorsehung, Himmel, Hölle keinerlei Vorstellung. Diese Begriffe sagen ihnen absolut nichts. Sie sind daher weder ein mögliches noch ein unmögliches Thema. Sie sind überhaupt kein Thema. Wenn Religion überhaupt von Interesse ist, dann lediglich aus kulturgeschichtlicher Neugier, um Bachs „Matthäuspassion", Rembrandts „Verlorenen Sohn" oder die Reformation zu verstehen. Die meisten Areligiösen würden sich nicht einmal als Atheisten bezeichnen, weil die Verneinung A-theos (Nicht-Gott) an eine Überzeugung anknüpft (nämlich, dass es Gott gibt), die dann aber verneint wird. Ein Atheist setzt sich wenigstens mit der Möglichkeit zu glauben auseinander, um sie dann zu negieren. Ein Areligiöser hat das Thema „Gott und Glauben" nicht einmal als Gedanken abgelegt. Insofern stehen sich, wie Tiefensee sagt, Atheisten und Christen näher als Areligiöse und Christen.

Die Abwesenheit jedes Gedankens an einen Gott ist so total, dass eine Verneinung gar keinen Sinn mehr ergibt. Sie haben vergessen, dass sie Gott vergessen haben. Sie sind radikal und ausschließlich diesseitsfixiert. Sie haben keine religiösen Bedürfnisse und kennen keine spirituellen Sehnsüchte. Dagegen gehen Theologen und Religionswissenschaftler davon aus, dass in jedem Menschen eine tiefe spirituelle Sehnsucht vorhanden ist, die vielleicht verschüttet oder von ganz anderen Wünschen überlagert ist. Tiefensee sagt, dass Areligiöse das Religiöse in ihrem Leben nicht verdrängen. Man kann nur verdrängen, was da ist. Es gibt aber keine Religion zum Verdrängen. Da ist nichts. Alle Sehnsüchte sind rein innerweltlich.

„Normal halt"

Bei einer Umfrage auf dem Leipziger Hauptbahnhof antworteten Jugendliche auf die Frage, ob sie sich eher christlich oder atheistisch einstufen würden: „Weder noch, normal halt."[2] Dies offenbart ein neues Selbstverständnis: Nichtglauben ist etwas völlig Normales. Man kann sich nicht mal mehr als Atheist bezeichnen. Das Thema ist abgehakt, die Fragestellung veraltet, die Problematik nicht verständlich. Glaube ist von gestern. Atheismus ebenso. Sie leben ohne Religion und verweigern sich bewusst jeder religiösen Positionierung. Der Grund: Religiöse Fragen liegen außerhalb des naturwissenschaftlichen Wissens und sind daher grundsätzlich suspekt. In diese Richtung weist auch das Ergebnis einer anderen Erhebung. Hier wurden Jugendliche gefragt: „Würdet ihr in einer Gesellschaft ohne Kirche leben wollen?" 43 Prozent der jungen Leute antworteten: „Ist mir egal."[3]

Ein Klischee: Areligiosität als reines Ost-Problem

Was sich im Osten unseres Landes als eine Art Volksatheismus verbreitet hat, ist auch in anderen Teilen Deutschlands für nicht wenige Menschen längst der Normalfall. Atheismus und Areligiosität sind keine ostdeutschen Phänomene, sondern typisch europäisch. Beides gehört fest zur westlichen Kultur, deren Teil wir sind. Der unglaubliche Erfolg von Richard Dawkins' Buch „Der Gotteswahn" besonders im englischsprachigen Raum zeigt, dass es dort viele atheistische und areligiöse Menschen gibt, die ein intellektuelles Korsett für ihre Weltanschauung brauchen.

Zwar geht der globale Trend eindeutig in Richtung Religion. Die Welt wird religiöser. Im Westen jedoch und besonders in Europa bilden die Areligiösen eine leicht wachsende Gruppierung innerhalb der Gesellschaft. Der amerikanische Soziologe und Religionswissenschaftler Peter L. Berger nennt Westeuropa ein „kirchliches Katastrophengebiet". Das Epizentrum – so Tiefensee daran anknüpfend – befindet sich in Ostdeutschland. Areligiosität als ostdeutsches Massenphänomen ist aber nicht nur die Folge der christentumsfeindlichen DDR-Ideologie, obgleich diese weite Teile der Bevölkerung nachhaltig von Glauben und Kirche entfremdete. Unser Nachbarland Polen gilt heute als das christlichste Land Europas, obwohl die Bevölkerung hier ebenfalls 40 Jahre lang von einer atheistischen Diktatur drangsaliert wurde. Dennoch ist der Grad der Entfremdung von Kirche und Glauben in Ostdeutschland ungleich höher als in Westdeutschland: Während im Westen unseres Landes Kirchenmitgliedschaft immer noch als normal gilt, hat sich im Osten ein areligiöses Milieu fest etabliert. Areligiosität gilt als normal, die Zugehörigkeit zu einer Religion als Ausnahme.[4]

Was ist ein Untheist?

Es ist nicht der kommunistische Atheismus, der dem Leipziger Schriftsteller Erich Loest den Glauben austrieb. Es ist einfach nur das Fehlen spiritueller Erfahrung, das den Gedanken an Gott in unendliche Ferne rückt. Erich Loest wird zum „Untheisten". Er schreibt in seiner Autobiografie[5]: „Der Einfluss [der Kirche] auf E. L. war immerhin so stark, dass er sich von der Konfirmation ein machtvolles inneres Erlebnis versprach, etwas Unerhörtes, nie Gefühltes. Nichts trat ein, die Konfirmation war eine tiefe Enttäuschung, und vom nächsten Tag an war er Atheist. Besser: Er war Untheist. Gott existierte für ihn nicht mehr, kein Glaube gab ihm Kraft. Religion oder Nichtreligion wurden ihm nie wieder zum Problem."

Loest ersetzt den Kampfbegriff „Atheist" durch den neutralen Begriff „Untheist", eine originelle Wortschöpfung. Es geht nicht mehr um eine Verneinung des Gottesglaubens, sondern um die völlige Abwesenheit jedes Glaubens. Gott ist nie wieder ein Thema, nachdem sich die kümmerlichen Reste des Glaubens durch das Ausbleiben spiritueller Erfahrung verflüchtigen.

Als bei der Konfirmation nichts passiert, die kirchliche Handlung nichts bringt, gerät der Glaube an Gott völlig aus dem Visier. Nur in der Not eines Stasi-Knasts rückt der Glaube als potenzielle Lebenshilfe vorübergehend ins Blickfeld: „Eine Zeitlang allerdings beneidete er die, die einen Gott besaßen, das war viel später, als er im Zuchthaus Bautzen ganz allein war, da hätte er Gott brauchen können. Aber kurzfristig lässt Gott sich nicht aufbauen, und er versuchte es auch nicht erst."

Areligiosität als Post-Atheismus

Der Soziologe Max Weber hat sich „religiös unmusikalisch" genannt und damit seinen „Atheismus" als eine Art Mangel beschrieben. Bei dem Dichter Bertold Brecht ist der Glaube an Gott schon so fern gerückt, dass er auf die Frage, ob es einen Gott gäbe, lässig antwortete: „Würde die Antwort dein Verhalten ändern, dann brauchst du einen Gott." Hier ist nichts mehr von einem Defizit zu spüren. An die Stelle von

„religiöser Unmusikalität" ist ein neues Selbstverständnis getreten, so etwas wie Religion einfach nicht zu brauchen.

Der französische Journalist und Schriftsteller André Frossard beschreibt in seinem bekenntnishaften Buch aus den 1970er Jahren seine Areligiosität so: „Größer noch als mein Skeptizismus und Atheismus war meine Gleichgültigkeit gewesen: Mich kümmerten andere Dinge als ein Gott, den zu leugnen mir nicht einmal in den Sinn kam ... Wir waren perfekte Atheisten von der Sorte derer, für die der Atheismus kein Problem mehr ist. Die letzten militanten Antiklerikalen, die in den öffentlichen Versammlungen noch Tiraden gegen die Religion hielten, kamen uns rührend und ein wenig lächerlich vor, wie es etwa Historiker wären, die sich mit Scharfsinn bemühen würden, das Märchen vom Rotkäppchen zu widerlegen. Ihr Eifer verlängerte nur sinnloserweise eine Auseinandersetzung, die von der Vernunft längst abgeschlossen war."[6]

Die Gottesverneinung der Moderne hat man hinter sich gelassen. Die Verneinung Gottes ist weggewischt, unwichtig, überflüssig, irrelevant, weil die Frage nach Gott kein Thema mehr ist. Sie ist erledigt. Deshalb kann man Areligiosität auch als Post-Atheismus bezeichnen, als Nach-Atheismus.

Keine defizitäre Lebensform!

Der Kabarettist Matthias Beltz meint: „Die einen sagen, dass Gott existiert, die andern, dass Gott nicht existiert. Die Wahrheit wird, wie so oft, in der Mitte liegen." Ich mag diesen Satz, weil er die Möglichkeit des Glaubens und des Unglaubens gleichberechtigt nebeneinanderstellt. Solange diese Welt besteht, und – mit der Bibel gesprochen – die Schöpfung noch nicht frei ist von der Knechtschaft der Vergänglichkeit, so lange bleiben Glaube und Unglaube gleichberechtigte Optionen. Denn wir leben (noch) nicht im Schauen und Erkennen dessen, „was die Welt im Innersten zusammenhält". „Unser Wissen ist Stückwerk", weil unser Verstand in seiner natürlichen Begrenztheit Gott nicht erkennen kann. Er braucht die Erleuchtung durch Gott selbst.[7] Aber das kann man weder vermitteln noch wissenschaftlich verifizieren. Daher gehören Glaube und Unglaube gleichermaßen zum Leben in dieser Welt. Eigentlich befinden wir uns immer, egal, wie gläubig oder ungläubig wir sind, in der Spannung zwischen den beiden Polen. Deshalb darf der Gläubige den Ungläubigen nicht als dumm, unwissend, verblendet oder boshaft diffamieren.

Durch den sogenannten „neuen Atheismus" bekommt vor allem im englischsprachigen Raum die Diskussion zwischen beiden Parteien eine aggressive Dynamik. Der Auslöser dafür liegt sicher nicht nur im weltweiten Erstarken von Religion. In den USA gibt es einen rechtslastigen christlichen Fundamentalismus, der auch viele Christen beunruhigt und dessen Einseitigkeit und Verbohrtheit eine ähnlich radikale Gegenreaktion geradezu provoziert.

Areligiosität ist keine defizitäre Lebensform. Solange Christen sogenannte Ungläubige als „Mangelwesen" sehen, kann kein echter Dialog auf Augenhöhe und in gegenseitiger Wertschätzung stattfinden. Gläubige und Ungläubige beschreiben einander als defizitäre Wesen. Atheisten werden als Gottlose beschimpft und als Ignoranten belächelt. Es ist unglaublich, wie arrogant und unsensibel sich Christen über religionslose Menschen äußern können: „Ein erwachsener Mensch ohne religiöse Weltanschauung, ohne Glauben, ist ein geistiger, ein sittlicher Krüppel."[8] Dieser schreckliche Satz ist zwar über hundert Jahre alt und wurde im alten und rückständigen Russland verfasst, dennoch zeigt er eine Tendenz an. Statt Areligiösen mit Respekt, Wertschätzung und Verständnis zu begegnen – Jesus hätte das getan! –, werden ihnen Sittlichkeit und geistige Gesundheit abgesprochen.

Jesus selbst hatte weniger Probleme mit Gottlosen, Heiden und offensichtlichen Sündern. Viele von ihnen waren seine Freunde. Es waren die religiösen Eiferer und Hardliner seiner Zeit, die ihn ans Kreuz brachten.

Die Diffamierung von Gläubigen durch religionslose Menschen ist nicht minder böse. Christen werden als realitätsferne Naivlinge geschmäht, als wissenschaftsfeindliche Spinner verlacht, als ideologisch verblendete Menschheitsverdummer verachtet.[9] Wir können in dieser Welt nur friedlich leben, wenn wir die Meinung des anderen achten und respektieren, ohne allerdings die eigene Überzeugung zu verleugnen.

Angestachelt durch die Medien, setzt sich bei vielen Flachdenkern gerade ein schwammiger Toleranzbegriff durch. Toleranz wird mit Gleichgültigkeit und Indifferenz verwechselt. Als tolerant gilt, wer alles gleich richtig und gleich gut (oder schlecht) findet, ob Christus, Mohammed, Buddha, Marx oder Sartre. Jeder, der nicht bereit ist, alle religiösen und weltanschaulichen Wahrheiten hierarchiefrei nebeneinanderzustellen, muss sich den Vorwurf gefallen lassen, intolerant zu sein. Wer seinen Jesus oder seinen Mohammed als den einzig richtigen Weg bekennt, den halten wir für nicht dialogfähig. Dabei bildet ein eigener Standpunkt überhaupt erst die Voraussetzung für ein Gespräch. Ich würde keinen Moslem für einen ernsthaften Dialogpartner halten, der seinen Koran und seinen Mohammed nicht für eine einzigartige Offenbarung Gottes hält. Ebenso wenig könnte ich einen Areligiösen ernst nehmen, der nicht die Vorzüge eines Lebens ohne Religion preisen würde.

Glücklich ohne Gott!

Ich kann mich an endlose Diskussionen zwischen Atheisten und Christen in meiner Studentenzeit erinnern. Das Streitthema: Wer ist glücklicher? Natürlich können sich Christen, die die Faszination des Glaubens und die überwältigende Freude der Gotteserfahrung erlebt haben, nicht vorstellen, wie man überhaupt ohne den Glauben an Gottes Gegenwart und Fürsorge glücklich sein kann. Umgedreht ist das angebliche Glück von Christen für Ungläubige die reinste Spinnerei, in die sie sich hineingesteigert haben – natürlich unter Ausblendung der Realität. Meine Erfahrung mit vielen Menschen, die völlig ohne jede Religion auskommen, ist eindeutig: Auch ohne Gott lässt es sich gut leben. Auch Ungläubige können sehr glückliche Menschen sein.

Atheisten, Untheisten, Agnostiker, Areligiöse – wie immer wir sie nennen – sind glücklich und unglücklich wie andere Menschen auch. Sie freuen sich des Lebens, der Liebe, der Schönheit der Erde. Sie kennen das Glück von Liebe, Familie und Freundschaft. Sie sind zärtlich zu Menschen und Tieren. Sie weinen bei Bachs „Air" und tanzen zu Michael Jacksons Song „Thriller". Sie sind Menschen wie alle anderen auch – ob religiös oder unreligiös. Sie haben die gleichen Glücksquellen (außer der Glaubenserfahrung). Sie freuen sich über Erfolg. Sie betrachten staunend die Schönheit und Unermesslichkeit des Universums. Sie genießen das Zusammensein mit nahestehenden Menschen. Sie leiden unter Dummheit, Habgier, Intoleranz, Lieblosigkeit, Hass. Sie sehnen sich nach einer besseren Welt. Sie empfinden Glück, wenn man sich für etwas Gutes engagiert: sich um Aidswaisen kümmert oder den Regenwald rettet. Sie übernehmen gern Verantwortung, um dieses Leben lebenswerter und diesen Planeten heimischer zu machen. Sie genießen es, Kinder aufwachsen zu sehen. Sie sagen sich: Dieses Leben ist großartig. Es ist einmalig und lebenswert. Es hat so viel zu bieten an Gutem, an glücklich machenden Herausforderungen. Wir wollen es genießen in Übereinstimmung mit uns selbst, mit anderen lebendigen Wesen und mit der Natur. Das Glück ist nur hier zu finden: in all dem, was diese Welt bietet. Wir brauchen keine Religion. Sie behindert nur die Entfaltung eines selbstbestimmten und guten Lebens. Sie vertröstet den Menschen auf ein wie auch immer geartetes Jenseits und nimmt ihm damit den Antrieb, das Diesseits positiv zu verändern. Wer an den Himmel glaubt, findet sich eher mit einer defizitären Welt ab. Wir haben nur dieses Leben und diese Welt. Wir haben nur das Diesseits. Wir brauchen nicht mehr – weder Gott noch ein Jenseits, weder himmlischen Beistand noch eine religiöse Weltdeutung. Die Welt ist genug!

Warum die Welt genug ist

Man könnte das Glaubensbekenntnis des postmodernen areligiösen Menschen in dem Satz zusammenfassen: Die Welt ist genug. Mehr gibt es nicht und mehr brauchen wir nicht. Die Welt in ihrer Großartigkeit und Komplexität hat gemäß den naturwissenschaftlichen Gesetzmäßigkeiten das Leben hervorgebracht. In der Evolutionstheorie, deren Begründer Charles Darwin sich übrigens selbst nicht als Atheist verstand, sehen Atheisten eine Bestätigung für ein naturalistisches, rein materielles Weltbild. Die Evolutionstheorie besagt, dass sich das Leben von selbst über viele Millionen Jahre aus lebloser Materie über erste Einzeller bis hin zum Menschen entwickelt hat. Diese Theorie, deren Richtigkeit allgemein anerkannt wird, ist für viele Menschen ein Hauptgrund dafür, die Existenz Gottes zu verneinen. Die Welt kann rein wissenschaftlich ohne Gott erklärt werden. In ihr läuft alles nach strengen, ewig gültigen Gesetzen ab. Sie ist ein geschlossenes System aus Ursache und Wirkung. Jede Wirkung, jedes Phänomen hat eine innerweltliche Ursache, für die es in jedem Fall eine wissenschaftliche Erklärung gibt.

Dieses materialistisch-mechanistische Weltbild ist wie ein einstöckiges Haus ohne Dachboden und Keller. Es gibt keine geistliche Wirklichkeit, keine unsterbliche Geist-Seele, kein Leben nach dem Tod, keinen

Himmel, keine Hölle, keine Engel, keinen Gott. Dieses Weltbild kann man mit dem Wortpaar „immanent-kausal" beschreiben. Immanent, weil es ein geschlossenes System ist. Es gibt kein Außen, keine geistige oder spirituelle Welt, die neben der materiellen existiert. Immanent-kausal ist diese Anschauung, weil jede Wirkung eine rein innerweltliche Ursache hat. Da ist niemand, der von außen in den Kosmos und seine Geschichte eingreifen könnte: kein Gott, keine spirituellen Mächte, keine Vorsehung, kein durch Sterne oder sonst irgendetwas eingreifendes Schicksal, einfach nichts. „No heaven, no hell, just science", so umschrieb ein amerikanisches Wissenschaftsmagazin diese Weltsicht.

Auch das sogenannte Geistige ist nur eine Funktion der Materie. Bewusstsein ist Materie, die sich ihrer selbst bewusst geworden ist. In dieser Weltanschauung gibt es keinen Platz für Gott. Gott ist nicht mehr denkbar. Das Wirklichkeitsverständnis ist auf das reduziert, was man irgendwie messen und nachweisen kann. „Ich glaube nur, was ich sehe", lautet in verkürzter Form das dazugehörige Bekenntnis. Man ist stolz darauf, an die Naturwissenschaften zu glauben. Der Mensch hat eine spirituelle Welt nur herbeifantasiert, um das Leben leichter und erträglicher zu machen. Auch Gott ist nur eine Idee des Menschen, der kein Geschöpf Gottes ist, sondern der vielmehr Gott nach seinen Vorstellungen und Bedürfnissen schuf.

So hat es schon der Philosoph Ludwig Feuerbach gesehen und viele damit überzeugt.

„Das kann ich mir nicht vorstellen"

Dieser Satz ist ein Standardspruch. Er begegnet uns überall, sobald spirituelle Themen und Phänomene zur Sprache kommen. Er drückt aus, wie radikal und ausschließlich jemand aufs Diesseits orientiert ist, sodass es ihm nicht möglich ist, Religiöses auch nur zu denken. Er verfügt über keinerlei Begriffe, Bilder, Vorstellungen, Denkmuster für das, was Theologie und Philosophie mit Worten wie Transzendenz, Metaphysik oder spirituelle Welt umschreiben. Das Diesseits ist wie eine naturalistische Box. Dass außerhalb der Box noch etwas sein soll, ist undenkbar. Areligiosität bedeutet, dass man mit seinem gesamten Denken innerhalb der Box ist. Die Box ist absolut alles.

Ein in sich stimmiges Weltbild

Menschen, die in dieser radikalen Diesseitigkeit denken und leben, haben ein starres Weltbild, das nur sehr schwer zu erschüttern ist. Sie sind gegen alles Religiöse immunisiert. Das Christentum perlt von ihnen ab wie Wasser von einem Ostfriesennerz. Dieses säkulare Weltbild ist in sich stimmig und besitzt wegen seiner Einfachheit und Nachvollziehbarkeit große Attraktivität – besonders für Menschen, die sich nach einem übersichtlichen Wirklichkeitsverständnis sehnen. Man kann es mit der alten Weltsicht der Newton'schen Physik vergleichen. Hier gleicht die Welt einer Maschine, die streng deterministisch nach ewig gültigen Gesetzen funktioniert – wie eine riesige Uhr. Der Newton'sche Kosmos ist klar, logisch, verständlich, nachvollziehbar. Dieses Denken entspricht mit seinen eingängigen, alltagsrelevanten Formeln viel mehr der alltäglichen Welterfahrung als das komplexe Weltbild der modernen Physik.

Als Max Planck 1900 seine Quantentheorie und Albert Einstein 1905 seine spezielle Relativitätstheorie vorstellte, bewirkte dies eine Revolution des Denkens, die das Ende der schönen, übersichtlichen Kosmologie der klassischen Physik einleitete. Alles, was für immer klar zu sein schien, löste sich auf in eine völlig neue Weltsicht. Die Bausteine der Welt, Materie, Energie, Raum, Zeit – alles wurde neu definiert. Das alte naturwissenschaftliche Weltbild mit seinen deterministischen Gesetzen, die ohne Ausnahme immer gelten, wurde abgelöst von einer sehr komplexen, vieldimensionalen Schau der Wirklichkeit.

Auf einmal gab es Widersprüche, Anomalien und Rätsel – Paradoxa, die sich der irdischen Logik widersetzten.

Als Beispiel soll hier das berühmte Zwillingsparadoxon dienen, das ein anspruchsvolles Gedankenexperiment für Menschen ist, welche die spezielle Relativitätstheorie zu verstehen versuchen. Das Zwillingsparadoxon beschreibt einen scheinbaren Widerspruch: zwei Zwillingsbrüder. Einer ist Astronaut, der mit Fast-Lichtgeschwindigkeit eine Reise zu einem anderen Stern unternimmt. Mit derselben Geschwindigkeit kehrt er auch wieder zurück. Beim Abschied waren beide Zwillinge 30 Jahre alt. Beim Wiedersehen ist der eine 31, während der andere schon 50 Jahre alt ist. Was ist geschehen? Bei annähernder Lichtgeschwindigkeit vergeht die Zeit langsamer (Zeitdilatation genannt). Darum alterte der Astronaut in dieser Zeitspanne nur um ein Jahr, während sein Zwillingsbruder auf der Erde 20 Jahre älter geworden ist.

Das klingt zunächst logisch. Der Haken ist aber folgender: Da der Raum relativ ist, kann man auch die mit annähernder Lichtgeschwindigkeit fliegende Rakete als ruhendes System annehmen, während die Erde sich mit Fast-Lichtgeschwindigkeit von der Rakete wegbewegt und wieder zurückkommt. Demnach müsste der irdische Zwilling beim Wiedersehen 31 Jahre alt sein, während sein raumfahrender Bruder in der Reisezeit 50 Jahre alt wurde. Also wie jetzt? Wer von den Zwillingsbrüdern ist nun 31 und wer 50 Jahre alt?

Diesen Widerspruch aufzulösen würde den Rahmen dieses Buches sprengen. Uns genügt dieses Gedankenexperiment, um eine Ahnung von der unglaublichen Tiefe und Komplexität des neuen Weltbildes zu vermitteln.

Kapitel 2

▶▶ Von „genug" zu „nicht genug"

Ist da noch was?

Als evangelischer Pfarrer und Gründer einer Gemeinde im Osten Berlins, die zur Hälfte aus Menschen besteht, die aus einem nichtreligiösen Hintergrund kommen, bin ich seit über zehn Jahren Zeuge eines erstaunlichen Vorgangs: Menschen, denen die Welt genug ist, entdecken die Faszination des Glaubens. Sie wurden nicht manipuliert. Ihre Gehirnwindungen wurden nicht mit Religion gespült. Auch sind sie weder sentimentale Naivlinge noch schwache, haltlose, von Existenzkrisen geschüttelte Weicheier.

Es sind ganz normale Menschen: Schüler, Studenten, Unternehmer, Familienväter und -mütter, Arbeitslose, Krankenschwestern, Azubis, Sozialarbeiter, Informatiker. Viele von ihnen hätten sich niemals vorstellen können, je an Gott zu glauben und sich in einer Kirchgemeinde zu engagieren. Die meisten sind skeptische Geister, denen man nicht einfach eine Religion aufquatschen kann. Dafür sind sie zu kritisch und zu gebildet. Ihnen ist durchaus bewusst, dass im Namen von Religion viel Unheil geschehen ist. Sie kennen die Religionskritik, wie sie von Ludwig Feuerbach oder Karl Marx gepredigt wurde. Vielleicht können sie deren Gedanken nicht reproduzieren, aber sie haben sie verinnerlicht. Das ist Teil unserer abendländischen Kultur und unseres westlichen Lebensgefühls.

Was hat sie dennoch bewogen, an Gott zu glauben? Wie ist das möglich? Das Mathematikgenie Blaise Pascal meinte: „Es gibt zwei Arten vernünftiger Menschen: diejenigen, die Gott von ganzem Herzen dienen, weil sie ihn kennen. Und die, die Gott von ganzem Herzen suchen, weil sie ihn noch nicht gefunden haben." Pascal hatte gut reden. Zu seiner Zeit glaubten alle Menschen irgendwie an Gott.

Die dringendere Frage lautet: Wie kommt ein absolut im Diesseits verankerter, an der Gottesfrage *nicht* interessierter Mensch dazu, nach Gott zu fragen? Und weiter: Wie kommt er dann auch noch dazu, nachdem die Frage eine positive Antwort gefunden hat, diesem Gott von ganzem Herzen zu dienen? Das heißt, sein ganzes Leben auf Gott hin auszurichten, nach seinen Gaben und Geboten? Wenn ein Mensch aus der Überzeugung, dass es keinen Gott gibt und dass die Gottesfrage absolut irrelevant ist, zu einem alle Bereiche des Lebens neu gestaltenden Glauben an Gott findet, dann ist das eine radikale (von *radix* – Wurzel) Verwandlung. Für diese alle Bereiche des Lebens betreffende Neuausrichtung gibt es ein strapaziertes Wort: *Paradigmenwechsel*. Folgende Geschichte illustriert, was ein Paradigmenwechsel ist.

Eine Revolution der Gesamtschau

In der U-Bahn während der Hauptverkehrszeit. Ein Vater mit seinen beiden halbwüchsigen Söhnen. Diese toben herum, schreien, zerren Mitreisenden an den Sachen und nerven mit ihrem Benehmen alle im Abteil. Der Vater starrt apathisch vor sich hin, statt seine Kinder zur Ordnung zu rufen.

Schließlich wird es einem Reisenden zu bunt. Laut wendet er sich an den Vater: „Können Sie Ihre beiden Jungs nicht etwas im Zaum halten? Sie sehen doch, dass sich andere Fahrgäste gestört fühlen."

Darauf erwidert der Vater: „Entschuldigen Sie. Wir kommen gerade aus dem Krankenhaus. Die beiden Jungs haben heute ihre Mutter verloren."

Schlagartig ändert sich die Atmosphäre. Mit einem Mal ist das Abteil von Mitgefühl und Verständnis erfüllt. Kein Kopfschütteln, keine Ablehnung mehr, stattdessen Sympathie und Anteilnahme. Niemand ist mehr genervt vom unmöglichen Benehmen der Kinder. Voll zärtlichen Erbarmens ruhen die Blicke der Reisenden auf den beiden.

Wir sind soeben Zeugen eines Paradigmenwechsels geworden. Ein neuer Gesichtspunkt hat alles, was die Fahrgäste bisher dachten und fühlten, neu ausgerichtet. Ein geschichtliches Beispiel für einen Paradigmenwechsel ist die sogenannte Kopernikanische Wende. Als Nikolaus Kopernikus 1543 in seiner Schrift die neue Weltsicht erklärte, löste er eine Revolution des Denkens, der Wissenschaft und der Weltbetrachtung aus. Bis Kopernikus galt das alte geozentrische Weltbild, in dem die Erde der Mittelpunkt des Universums war. Seit Kopernikus setzte sich in einem langwierigen Prozess das heliozentrische Weltbild durch. Nun war nicht mehr die Erde samt Mensch der Mittelpunkt der Welt, sondern die Sonne. Wenn sich die Mitte ändert, ändert sich das Ganze. Ein Paradigmenwechsel ist eine alles umfassende Revolution des Denkens und Lebens und bezeichnet den Übergang von einem Denkmodell zu einem anderen, wobei sich die Sichtweise grundsätzlich verändert.

Die Entdeckung, dass Gott existiert, dass man ihn erfahren und mit ihm leben kann, ist ein Paradigmenwechsel, der eine völlig neue Sicht auf das Leben eröffnet. Der Glaube verändert alle Bereiche des Lebens und rückt sie in ein neues Licht, weil der Glaube in allen Bereichen mit Gott rechnet. Das ganze Leben bekommt eine neue Dynamik, weil sich alle Bezugspunkte neu ausrichten nach dem, der Himmel und Erde gemacht hat. Das eigene Leben, die Mitmenschen, die Welt, sie alle erhalten eine neue Bedeutung und einen neuen Sinn. Sie sind gute Gaben Gottes, mit denen ich verantwortlich umgehen muss.

Der Glaube an einen lebendigen, erfahrbaren und kommunizierenden Gott ist viel mehr als eine neue Weltsicht. Der Glaube ist keine Ergänzung einer bis dahin rein diesseitigen Weltsicht. Er ist kein metaphysisches Anhängsel eines immanent-kausalen Weltbildes. Glaube heißt, dass ein Mensch Gott entdeckt als liebevollen Ursprung, Grund und Ziel seines Lebens.

Ein „Nicht" verändert die Welt

Auf dem Weg vom Unglauben zum Glauben verändert sich die fundamentale Weltsicht. Aus „Die Welt ist genug" wird „Die Welt ist *nicht* genug". Dieses kleine Wörtchen „nicht" macht einen Riesenunterschied. Aber wie in aller Welt kommt ein Mensch dazu, mit diesem *Nicht* sein gesamtes bisheriges Wirklichkeits- und Wertesystem neu auszurichten? Was bringt einen Areligiösen dahin, sein in sich stimmiges Weltbild zu verlassen und nach Gott zu fragen? Welche Ereignisse, Erfahrungen, Begegnungen führen dazu, dass die Welt eben nicht mehr genug ist? Was weckt in uns den Appetit auf Spiritualität und Religion? Was macht uns hungrig, Gott zu suchen? Wie ist es möglich, dass areligiöse Menschen Christen werden? Was hat sie bewogen, angestoßen, animiert?

So wie unsere Fingerabdrücke unterschiedlich sind, so hat auch jeder Christ seinen völlig eigenen Weg zu Gott. Keine Glaubensgeschichte gleicht der anderen. Dennoch lassen sich im Allgemeinen drei Zugangswege zum Glauben unterscheiden. Oder besser: Es gibt drei Faktoren, durch die areligiöse Menschen auf Gott aufmerksam werden:

1. die Begegnung mit lebendiger Spiritualität.
2. himmlischer Beistand: die Erfahrung der helfenden Zuwendung Gottes im alltäglichen Leben anderer und/oder in der eigenen Biografie.
3. die Sinnfrage.

Kaum ein Mensch findet durch ausschließlich *einen* Faktor zum lebendigen Glauben. Meistens ist es ein Zusammenspiel dieser drei Faktoren, die unterschiedlich stark als Ermutigung, Gott zu suchen, erlebt werden. Obwohl die Wege zum Glauben individuell verschieden sind, weckt mindestens einer dieser Aspekte die Sehnsucht nach einem Leben mit Gott.

Dieser Weg wird kein leichter sein

In einem Song von Xavier Naidoo heißt es:

„Dieser Weg wird kein leichter sein.
Dieser Weg ist steinig und schwer.
Nicht mit vielen wirst du dir einig sein,
doch dieses Leben bietet so viel mehr."*

Der Weg vom Unglauben zum Glauben ist in der Tat kein leichter Weg, weil er den Menschen zunächst in seiner alten Identität verunsichert und ihm eine neue Identität eröffnet. Die Begegnung mit dem Glauben bedeutet immer auch eine Infragestellung des bisherigen Lebensfundamentes mit seinen Werten und Überzeugungen. Das schafft Unsicherheit und ein Gefühl der Verlorenheit. Wenn ein Mensch in seiner Weltsicht, in der Gott bisher nicht vorkam, erschüttert wird, drängt sich die Frage auf, ob der Glaube nicht die bisherige Lebensgeschichte entwertet. Und wenn er den Schritt zum Glauben an Gott wagt – wie werden die reagieren, deren Überzeugungen er bisher teilte: seine Freunde, Kollegen, Mitschüler und Verwandte? Werden ihm Unverständnis, Spott und Feindschaft entgegenwehen?

---

* „Dieser Weg", M: Xavier Naidoo/Philippe van Eecke; T: Xavier Naidoo; © 2005 by HANSEATIC MUSIKVERLAG GMBH & CO KG/ EDITION WORTGEWANDT. Alle Rechte für die Welt.

Vom Neonazi zum christlichen Sozialarbeiter

Das Erste, was mir an Olli auffiel: eine sehr besondere Mischung aus Halbwelt-Image und gewinnender Herzlichkeit. Sein Outfit: schwarze Klamotten, Halskette, rasierte Fast-Glatze, angedeuteter Szene-Bart. Seine Worte und Gesten: liebenswürdig, friedfertig, einnehmend. Ich lernte einen warmherzigen, witzigen, sprachgewandten Mann kennen, den man gern zum Freund hätte.

Olli hat eine unglaubliche Geschichte. Wenn vor 20 Jahren jemand gesagt hätte: „Der Oliver Schalk, das wird mal ein christlicher Sozialarbeiter, der Drogensüchtige aus der Sucht rausholt, sich um Familien in sozial schwierigen Situationen kümmert und verwahrlosten Kindern Jesus-Geschichten erzählt", der wäre für verrückt gehalten worden. Kann wirklich aus einem gewalttätigen, alkohol- und drogenabhängigen Hooligan und Neonazi ein Mensch werden, der das Gegenteil von dem lebt, was er früher verkörperte? Kann aus einem Menschen, der mit Springerstiefeln auf Menschen eintritt, die blutend am Boden liegen, ein Kindergärtner und Streetworker werden, der anderen die Liebe Gottes predigt?

Olli ist im Berlin der DDR aufgewachsen. Die Ehe der Eltern wird wegen der Alkoholerkrankung des Vaters früh geschieden. Die Mutter, eine Lehrerin, versucht vergeblich, ihren wilden, alle Autoritäten verachtenden Sohn zu bändigen. Mit 15 schließt sich Olli der jungen Punkbewegung in Ostberlin an. Mit 17 kommt er als politischer Häftling in den DDR-Jugendknast. Gleich in der ersten Nacht wird er von zehn Mitgefangenen zusammengeschlagen. Olli lernt, dass er nur mit Gewalt und Brutalität weiterkommt. Er beginnt, von ganzem Herzen zu hassen: das Regime, andere Menschen, sich selbst. Nach dem Knast schließt er sich der Hooligan-Szene an, prügelt sich mit anderen Fußballfans und der Polizei. Er will in den Westen. Nach mehreren Fluchtversuchen und Gefängnisaufenthalten wird er nach Westberlin abgeschoben.

Kurz darauf fällt die Mauer. Olli wird Neonazi. Sein Hass hat eine neue Zielscheibe: Türken, Schwarze, Juden. Mit anderen Gleichgesinnten eröffnet er eine Hooligan-Kneipe in Berlin. Er rutscht immer tiefer ab: Alkohol, Drogen, Gewalt. Auf einem Rockertreffen lernt er die christlichen Rocker von „Tribe of Judah" kennen. Die erzählen ihm bei Pflaumenkuchen und Apfelsaft, wie sie durch Jesus den Weg aus Sinnlosigkeit und Gewalt fanden, beten mit ihm und schenken ihm eine Bikerbibel. Diese Begegnung geht Olli nach. Doch der Weg der Liebe ist ihm unheimlich. Zu sehr ist sein Leben von Hass geprägt.

Als er während einer sechswöchigen Kur zum Nachdenken über sein Leben kommt, erkennt er, dass er sich in einer Sackgasse befindet. Verzweifelt beginnt er, in der Bikerbibel zu lesen, und betet inbrünstig:

„Jesus, zeig dich mir!" Olli lernt Christen aus der Bibelschule am Kurort kennen. Sie geben ihm eine Schrift, in der steht, wie man zu Gott kommen kann, und nehmen ihn mit zu ihrem Gottesdienst.

Und dann kommt dieser besondere Tag. Olli sitzt auf einer Bank im Klinikpark und betet ein Hingabegebet an Jesus. Er betet es nicht ein Mal, sondern viele Male. Vor seinen inneren Augen läuft ein Film über sein Leben ab, Szenen voller Gemeinheit und Brutalität. Und er spürt das Reden Gottes in seinem Herzen, dass Jesus seine Schuld vergibt und ihm ein neues Leben schenkt. Olli heult Rotz und Wasser über sein verpfuschtes Leben und über die Barmherzigkeit Gottes, der ihm einen neuen Anfang ermöglicht. Von einem Tag zum anderen überwindet Olli seine Drogen-, Alkohol- und Nikotinsucht. Einige Bibelschüler nehmen sich seiner an und gehen mit ihm die ersten Schritte in ein neues, total verändertes Leben.

Heute arbeitet Olli bei „Zukunft für dich", einer christlichen Initiative in Berlin, die sich für Menschen einsetzt, die an den Rand der Gesellschaft geraten sind. Olli ist glücklich verheiratet und kümmert sich mit seiner Frau um Drogenabhängige, Straßenkinder, Prostituierte, Jugendgangmitglieder, Kriminelle, um ihnen die Alternative eines Lebens mit Jesus nahezubringen.

Ich frage Olli nach seinem Leben als christlicher Streetworker und Laienpastor heute.

Er antwortet: „Ich habe eine riesige Freude an dieser Arbeit, weil wir nicht nur Vereinsmitglieder sind, sondern auch Freunde. Da ich selbst aus einer Randgruppe der Gesellschaft komme, habe ich ein großes Herz für ebendiese Gruppen von Menschen, wie Punks, Hooligans und Skinheads. Ich bin der festen Überzeugung, dass jeder Mensch, und sei er noch so tief unten, von Jesus gerettet werden kann, und ich sehe meine Berufung darin, gerade ihnen zu helfen, aus der Aussichtslosigkeit und der Sucht (egal, welcher) herauszukommen und einen Neuanfang mit Jesus zu wagen."

Oliver Schalks Geschichte ist sehr besonders. Ich kenne kaum einen anderen Menschen, bei dem die Kehrtwende von Areligiosität zum Glauben an Jesus so krasse und tiefgreifende Auswirkungen auf alle Bereiche des Lebens hatte und hat. An seiner Lebenswende kann man gut sehen, wie die drei Faktoren diesen „Paradigmenwechsel" auslösen: Die Leute von „Tribe of Judah", denen Olli auf dem Rockertreffen begegnet, sind glaubwürdige Menschen, die ihm auf Augenhöhe die erfahrene Wirklichkeit Gottes bezeugen. Während seines Kuraufenthalts findet Olli die Zeit, um die Frage nach dem Sinn des Lebens schonungslos zu stellen. Und auf der Parkbank macht der betende Olli eine spirituelle Erfahrung mit der Barmherzigkeit Gottes.

Kapitel 3
▶▶ Himmlische Begegnungen

Wie einer Jazz entdeckte

Ein Mann langweilt sich auf einer Party, die in einer Villa am See stattfindet, und beschließt, spazieren zu gehen. Er genießt den lauen Abend. Der Klang eines Sopransaxophons schwebt über dem See. Im gedämpften Mondlicht sieht er von Weitem einen Jazzmusiker einsam auf einem Bootssteg stehen. Angezogen von der Musik schlendert der Mann darauf zu und lässt sich auf einer Bank am Steg nieder.

Er lauscht und beobachtet den farbigen Musiker, die Schwingungen seines schlanken Körpers, der sich mit dem Saxophon an Lippen und Händen zum Hin und Her, im Auf und Ab der Melodie windet. In seinem Gesicht liegt ein unbeschreiblicher Ausdruck von Verzückung und Entrücktheit, von Leidenschaft und Schmerz. Gebannt wird der Zuhörer Zeuge eines Konzerts für den Nachthimmel, für die Kühle des Abends, die sich zärtlich über das Wasser breitet. Jeden Ton saugt er in sich auf. Sieht, wie Instrument, Körper und Musik zu einer großartigen Einheit verschmelzen, welche mit einer unsagbaren Wehmut nach dem Herzen greift. Noch nie hat er Jazz gemocht. Bislang war es für ihn nur nerviges Gedudel. Aber an jenem Abend entdeckt er das Wesen von Jazz: eine berauschende Vereinigung musikalischer Entgrenzung und entfesselter Virtuosität.

Er soll nie wieder davon loskommen.

Jazz und Glaube

Ähnlich geht es Menschen, wenn sie den Glauben an Gott entdecken. Vorher konnten sie mit „religiösem Gedudel" nichts anfangen. Es gehörte zu einer Welt, die sie in ihrer Fremdartigkeit eher abstieß. Aber dann gab es Erlebnisse, in denen sie das Ewige und Absolute zu entdecken begannen. Eine Erfahrung von Liebe, Nähe, Wärme und Erhabenheit, die sie mit Gott in Verbindung brachten. Wollten sie niemals etwas vom Glauben wissen, so berührt ihr Leben nun etwas, das sie zuvor noch nicht kannten. Das die Ahnung in ihnen weckt: Es gibt mehr als diese Erde mit ihrer Schönheit und mehr als dieses Leben mit seinen Herausforderungen. Mit einem Mal ist die Welt nicht mehr genug. Wo vorher Desinteresse war, stellt sich

Neugier ein und die Bereitschaft, das Unbekannte zu suchen.

Ausgelöst werden solche Veränderungen der Gesamtperspektive durch Erfahrungen mit dem Glauben: durch Menschen, deren Leben das Faszinierende des Glaubens widerspiegelt. Wenn Menschen Zeugen werden, wie jemand sich an Gott erfreut, wird eine Sehnsucht geweckt, die Quelle dieser verborgenen Wonne zu ergründen. Die christliche Glaubensgeschichte ist voller Erfahrungen der faszinierenden Nähe des Göttlichen. Sie leuchtet zum Beispiel auf in Schriften christlicher Mystiker wie Teresa von Avila oder Gerhard Tersteegen, in den Äußerungen christlicher Zeugen des 20. Jahrhunderts wie Dietrich Bonhoeffer oder Richard Wurmbrand bis hin zu Erlebnisberichten von Menschen unserer Umgebung, die Gottes Berührungen erlebt haben.

Gebet unter der Alpentanne

Sophie hatte gerade ihr Abitur gemacht. Vor ihr lag der Sommer. Freunde hatten sie eingeladen, an einer christlichen Bergfreizeit in den bayerischen Alpen teilzunehmen. Die Aussicht, mit vielen jungen Leuten zehn Tage in einer einsamen Berghütte zwischen Wasserfall und läutenden Kühen zu verbringen, fand die Norddeutsche attraktiv.

Am ersten Abend in der Hütte wurden ein paar Lieder gesungen und ein Kennenlernspiel gemacht. Nach dem Abendprogramm sagte jemand: „Wir treffen uns noch zum Beten unter der Tanne. Wer Lust hat, kann gerne dazukommen."

Sophie war von Natur aus neugierig, mochte Menschen, hatte nichts gegen das Christentum und wollte einfach wissen, was die da wohl machten. So versammelte sie sich mit anderen unter der Tanne. Es war eine laue Sommernacht. Ein paar Lieder wurden gesungen. Nicht einfach christliche Lagerfeuerlieder. Nein, es waren Minnegesänge. Nicht an eine angebetete Frau, sondern an Gott. Scheu bemerkte sie, wie einige sich beim Singen hinknieten. Gebete wurden gesprochen. Es waren keine vorformulierten Gebete in liturgischer Sprache aus kirchlichen Büchern. Es war ein schlichtes, spontan formuliertes Reden zu Gott, voller Vertrauen, Liebe und Erwartung. Es richtete sich an einen Gott, der irgendwie nahe war, freundlich und zugänglich.

Zum ersten Mal in ihrem Leben wurde Sophie Zeugin lebendiger Spiritualität. Sie spürte, dass der christliche Glaube mehr ist als nur eine spirituelle Weltdeutung. Da waren Ergriffensein, Begeisterung, Echtheit.

Und sie sagte sich: „Entweder spinnen die hier alle oder ich habe noch eine wichtige Entdeckung vor mir. Entweder haben die sich in etwas hineingesteigert, oder es gibt da etwas, das mir bisher vollkommen unbekannt war." Ihre Neugier war geweckt. Die Frage nach Gott rückte ihr auf die Pelle. Das Thema war zu wichtig, um es einfach beiseitezuschieben und wie gewohnt weiterzumachen. Die Sehnsucht nach Glauben war in ihr Herz gepflanzt worden. Die Welt war nicht mehr genug.

Ein zärtlicher Wind vom Himmel

Manchmal sind es nicht Menschen, die mit ihrem Glauben eine Ahnung von Gott wecken. Manchmal sind es spirituelle Erlebnisse, die wie ein Lichtstrahl ins Herz fallen.

Susanne besucht einen Gottesdienst. Es ist das erste Mal in ihrem Leben. Eine Studienfreundin, die sie von der Fachhochschule kennt, hat sie gebeten, doch mal mitzukommen. Susanne ist völlig ohne Religion aufgewachsen. Sie sagt sich: „Es kann ja nicht schaden, einmal in einen Gottesdienst zu gehen."

Als sie die Kirche betritt, erlebt sie einige Überraschungen: Die Kirche ist gefüllt mit jungen Leuten in ihrem Alter. Das hat sie nicht erwartet. Kirche ist was für alte Menschen, dachte sie immer. Auch die Raumgestaltung verwundert sie. Alles wirkt freundlich, zeitgemäß, einladend. Das Foyer ist eine große Café-Bar. Allerlei buntes Volk sitzt auf großen Ledersofas oder auf Hockern an der Bar herum.

Als der Gottesdienst in der Kirche beginnt, folgt eine weitere Überraschung: keine schwermütige Orgelmusik, die einen in eine depressive Stimmung versetzt. Stattdessen der frische, mitreißende Sound eines Lieds, das Gottes Liebe preist, gespielt von jungen Leuten auf Instrumenten, die sie aus der Popmusik kennt. „Vielleicht ein bisschen amerikanisch", denkt Susanne, obwohl das hier eine Gemeinde der Evangelischen Landeskirche ist.

Doch die eigentliche Überraschung kommt noch: Während die Leute in der gefüllten Kirche Gott mit Liedern loben, spürt Susanne, wie etwas ihr Herz berührt – sanft, zärtlich, wohltuend. Sie muss weinen. Sie weint den ganzen Gottesdienst über. Und sie hat keine Ahnung, warum. Es geht ihr gut. Sie hat keinen nennenswerten Kummer. Das Heulen ist ihr peinlich. Was ist das, das ihr Inneres zum Schwingen bringt, sodass ihr die Tränen fließen? Sie weiß keine Antwort darauf. Nach dem Gottesdienst verlässt sie verwirrt die Kirche.

Als ihre Freundin sie fragt, ob sie am Sonntag wieder mitkommt, will sie zuerst nicht. Sie befürchtet, dass sie wieder weinen muss. Doch dann geht sie doch. Und wieder muss sie weinen, den ganzen Gottesdienst über. Aber es hat nichts Bedrohliches. Im Gegenteil! Was ihr Herz berührt, das tut ihr gut. Sie kommt wieder. Fast jeden Sonntag sitzt sie mit Tränen in der Kirche. Sie besorgt sich eine Bibel in verständlicher Übersetzung. Sie redet mit Leuten aus der Gemeinde und versucht herauszufinden, was mit ihr geschieht und was hier anders ist.

Jemand erklärt ihr das Wirken des Heiligen Geistes. „Es ist Gottes liebevoller Wind vom Himmel. Es ist Gottes Finger, der an die Tür deines Herzens klopft, um dir zu sagen, dass es Gott gibt und dass er um dich wirbt."

Sie liest Bücher über den Glauben. Schließlich besucht sie einen Glaubenskurs in der Gemeinde. Als das Thema „Heiliger Geist" behandelt wird und wie er das Licht der Liebe und der Erkenntnis in Herzen bringt, da erzählt Susanne, wie sie Gottes Geist erlebt hat. Einige Wochen später lässt sie sich taufen. Eine völlig areligiöse Frau entdeckt, dass die Welt nicht genug ist, und findet zum Glauben.

Was war der Auslöser für diese Wandlung, für diesen „Paradigmenwechsel"? Wer die Welt als ein geschlossenes, immanent-kausales System versteht, wird die Ursache vielleicht in der suggestiven Wirkung moderner Anbetungsmusik suchen oder in einer kollektiven religiösen Euphorie, die sich auf Susanne übertragen habe. Für diese Phänomene gibt es genügend Beispiele. Gotteserfahrungen sind vieldeutig. Sie können nichts beweisen. Aber sie können Menschen auf eine völlig neue Spur bringen.

Mehr als das Singen frommer Lieder

Lobpreis ist eine Weltbewegung, die fast alle Kirchen erfasst hat, von den Katholiken bis zu den Pfingstlern. Gott wird meist in modernen Liedern angebetet, begleitet vom Sound einer Gitarre oder einer Band. Die Musikindustrie hat dafür das Label Sakro-Pop gefunden.

Lobpreis ist jedoch mehr als das Singen christlicher Lieder zu moderner Begleitung. Es geht um Anbetung. Im Lobpreis bringen Menschen ihr Leben vor Gott, preisen ihn für seine Liebe und Nähe. Manche knien sich hin, andere wiegen sich im Groove der Musik. Man kann verklärte Gesichter dabei beobachten. Manche Träne läuft über die Wange. Wenn nichtreligiöse Menschen Zeugen von Lobpreis werden, gibt es oft zwei unterschiedliche Reaktionen: Einige fühlen sich abgestoßen von der religiösen Inbrunst, die ihnen da begegnet. Andere sind fasziniert, weil sie spüren, dass Menschen im Lobpreis mit etwas Beglückendem kommunizieren. Sie ahnen, dass hier eine Dimension im Spiel ist, die sie nicht kennen, die aber in ihrem Inneren eine Saite zum Klingen bringt und eine Sehnsucht weckt. Manche fragen sich, ob diese Gott preisenden Leute nicht ein wenig verrückt sind oder aber ob sie von etwas bewegt werden, das jenseits des Bekannten und Vorstellbaren liegt.

Entweder haben sich die singenden Beter nur in etwas hineingesteigert, oder ihre Seelen sind von einer unsichtbaren Wirklichkeit berührt, die zu suchen sich lohnt. Ich erlebe immer wieder, wie Menschen durch die Begegnung mit Lobpreis in ihrem areligiösen Weltbild erschüttert werden und sich zu fragen beginnen, ob da nicht vielleicht mehr dran ist am Glauben.

2008 schaffte es eine CD mit Mönchsgesängen, auch Gregorianik genannt, bis in die Top Ten der Album-Charts. Die Mönche vom Heiligenkreuz ahnten nicht, dass sie bei der Aufnahme von „Chant – Music for paradise" einen Musikbestseller produzierten. Ihr Abt antwortete später auf die Frage von Journalisten „Kann Musik bekehren?": „Ich glaube, sie hat zumindest die Kraft, innerlich für jene andere Welt zu öffnen."

Der Himmel teilt sich mit, wenn das Herz sich öffnet. Musik ist ein Schlüssel zum Inneren eines Menschen. Unzählige haben durch alte Choräle und gregorianische Gesänge das Ewige entdeckt. Johann Sebastian Bachs Musik hat vielen den Himmel nähergebracht. Und damit meine ich nicht nur ein gutes Gefühl, sondern die innere Gewissheit, dass es einen Gott gibt, der uns mag und sich nach uns sehnt.

Ein Naturwissenschaftler und Atheismus-Dozent wird überrascht

Es war Mitte der 1990er Jahre. Ich war Pfarrer in Sonneberg, einer Kreisstadt am Südhang des Thüringer Waldes. Ein neuer Glaubenskurs für Menschen, die sich für das Christentum interessieren, hatte in meiner Gemeinde begonnen. Ich sah viele neue Gesichter.

Mir fiel ein älterer Herr auf: klein, feingliedrig, so um die siebzig, randlose Brille, offensichtlich ein Intellektueller. Nach der Veranstaltung kam er auf mich zu und stellte sich vor: „Dr. Gerhard Jackisch. Ich bin hier, weil Gott durch den heiligen Antonius zu mir gesprochen hat, dass es Gott gibt und dass ich ihn bei Jesus Christus finden werde."

Mein erster Gedanke: Da ist einer religiös durchgeknallt. Ich lag total falsch. Nach und nach lernte ich einen warmherzigen, sympathischen, außerordentlich klugen Herrn kennen, einen beziehungsorientierten Mann, der von seiner Familie geliebt und geschätzt wurde und der nur so strotzte vor seelischer Gesundheit. Seine Frau, seine Tochter und seine Enkel erzählten mir später staunend, dass ihr Mann, Vater, Großvater auf einmal gläubig geworden sei, täglich bete, in die Kirche gehe und von einer Begegnung mit Gott rede. Was war geschehen?

Der Wissenschaftler Gerhard Jackisch, Doktor der Physik, war zur DDR-Zeit Leiter der berühmten Sternwarte in Sonneberg und Dozent für Marxistisch-Leninistische Philosophie an der Bezirksparteischule in Schleusingen, Thüringen. Dort lehrte er „wissenschaftlichen" Atheismus. Aber als moderner Physiker wusste er, dass die Welt sehr komplex ist und dass das atheistische Weltbild auf Axiomen beruht, die durchaus zu hinterfragen sind. Und er fand den Atheismus als Lebensphilosophie unbefriedigend.

1994 besuchte der Wissenschaftler die Wallfahrtskirche Vierzehnheiligen im fränkischen Bad Staffelstein. Und wie er vor dem Bild des Antonius von Padua saß, war es ihm, als ob der Heilige lebendig würde. Und der Doktor vernahm deutlich die Worte, die sein Leben radikal verändern sollten: „Gerhard, es gibt Gott. Du findest ihn in Jesus Christus." In seiner „wissenschaftlichen" Weltsicht erschüttert, fuhr er nach Sonneberg zurück, erkundigte sich dort in der Evangelischen Kirche nach geistlichen Angeboten und landete in meinem Glaubenskurs, wo er von Herzen zu Gott umkehrte. Fortan besuchte er jeden weiteren Glaubenskurs – nicht mehr als Teilnehmer, sondern als Mitarbeiter. Immer wieder erzählte er seine Geschichte, wie er Gott durch Vermittlung des heiligen Antonius gefunden hatte.

Einmal fragte er mich: „Alexander, wieso musste ich siebzig Jahre ohne die wunderbare Wahrheit Gottes leben? Wieso hat Gott sich mir erst so spät gezeigt?"

Ich antwortete: „Ich vermute, dass Gott siebzig Jahre auf *den* Moment in deinem Leben gewartet hat, an dem du offen warst für seine Wirklichkeit. Und als du in der herrlichen Rokokokirche gesessen hast und deine Sinne sich, angeregt durch Kunst und Architektur, mit himmlischen Dingen beschäftigten, da warst du zum ersten Mal wirklich bereit für Gottes Ansprache an dich."

Gerhard Jackisch verstarb 2008 und darf nun mit himmlischen Augen sehen, was hier schon seine feste Glaubensgewissheit geworden war.

❖ ❖ ❖

Freundlich werde ich in das Zimmer des Rektors von Vierzehnheiligen gebeten. An einem alten Barocktisch mir gegenüber nimmt Pater Benedikt Platz, ein älterer Herr mit gütigem Gesicht, bekleidet mit der braunen Kutte der Franziskaner. Er leitet das zur Wallfahrtskirche gehörende Franziskanerkloster.

Ich erzähle ihm die Geschichte von Gerhard Jackisch.

Der Pater nickt fröhlich mit dem Kopf und sagt: „Das ist typisch für den heiligen Antonius! Als Patron für alle, die etwas verloren haben, erscheint er besonders gern Menschen, die Gott suchen, um sie an Jesus zu verweisen." Der Franziskaner wundert sich kein bisschen über die Begegnung des Wissenschaftlers mit dem Heiligen. Offensichtlich gehö[rt diese Er]fahrung zum Repertoire katholischer, spezie[ll franzis]kanischer Spiritualität. Schließlich war Anto[nius von] Padua ein Franziskaner und der berühmtes[te Buß]prediger des Mittelalters. Er hatte ein große[s Herz] für alle, die auf der Suche nach Gott waren. Und bis heute ruft der Heilige – nun vom Himmel aus – Menschen zu Jesus.

Ich kann verstehen, wenn diese Geschichte für Protestanten eine Zumutung ist. Aber Gerhard Jackisch hat sie nun einmal so erlebt. Und ich, der ich seine Geschichte dokumentiere, fühle mich nicht an eine protestantische Dogmatik gebunden, die von solchen Begebenheiten einfach keine Ahnung hat. Schwerer wiegt indes der Einwand, dass die gemachte Erfahrung eine Art Wahnvorstellung gewesen sei. Schließlich gehören Halluzinationen in den Bereich psychischer Erkrankungen.

Nun handelt es sich bei der Vision von Gerhard Jackisch um eine Erfahrung, die in seiner Wirkungsgeschichte in keiner Weise destruktiv oder krank machend war, sondern außerordentlich konstruktiv, motivierend und begeisternd. Das wird auch von den Angehörigen bestätigt. Aber was würde ein Experte für psychische Erkrankungen davon halten?

Der Psychotherapeut, Arzt und Theologe Manfred Lütz äußert sich zur Problematik von religiösen Halluzinationen so: „Einen diagnostischen Begriff, den nan bei der Beobachtung von Kranken gefunden hat, einfach auf Gesunde zu übertragen, ist ein wissenschaftstheoretischer Fehler. Gewisse außergewöhnliche psychische Phänomene, die bei leidenden psychisch Kranken typischerweise vorkommen, können grundsätzlich selbstverständlich auch bei Gesunden vorkommen. Eine Krankheitsdiagnose ergibt sich erst aus der Würdigung aller zugänglichen Phänomene. [...] Außergewöhnlichkeit gleich als krank zu diskriminieren, ist spießig, jedenfalls nicht wissenschaftlich."[10]

Der heimliche Zeuge

Wenige Wochen, nachdem der verwöhnte Kaufmannssohn Franz spurlos aus seinem Zuhause im italienischen Assisi verschwunden war, sah man einen leicht verwahrlosten jungen Mann um Essen bettelnd und Gott preisend durch die Straßen ziehen. Es war derselbe, der in einem Verschlag neben einer baufälligen Kirche hauste, die er mit seiner Hände Arbeit restaurierte.

Schnell sprach sich herum, dass es sich dabei um Franz, den ausgeflippten Kaufmannssohn handelte. Der hatte sich von seinem wohlhabenden Elternhaus und von seinem bürgerlichen Leben verabschiedet, um ein Leben der Armut und Enthaltsamkeit zu führen. Beseelt von dem Verlangen, Gott mit seinem Leben zu preisen, verachtete er alles, was Inbegriff seines alten Lebens war. Er wollte Demut statt Ruhm, Armut statt Reichtum, Einfalt statt Gelehrsamkeit, Gottvertrauen statt Sorge.

Dieser Einfaltspinsel, wie sich Franz von Assisi selbst gern nannte, sollte der Begründer einer Weltbewegung werden, ein Symbol des einfachen, Gott hingegebenen Lebens, ein Heiliger, der wie kein anderer die Herzen der Menschen bis heute mit seiner Liebe zu allem, was lebt, verzaubert, ein Reformator, der die in Reichtum und Macht verstrickte Kirche seiner Zeit zur Einfachheit der Christusliebe zurückrief.

Bernardo, ein reicher Kaufmann um die dreißig, hatte die Geschichten und Spötteleien über die wundersame Wandlung des Franz gehört. Der wohlhabende und unverheiratete Bürger Assisis wollte wissen, was es mit diesem Franz und seiner religiösen Narretei auf sich hatte. So lud er ihn zum Abendessen zu sich ein. Nach dem Mahl begaben sie sich gemeinsam zur Ruhe. Franz stellte sich schlafend. Auch Bernardo tat so, als ob er schnarche. Als Franz sich sicher war, dass der Kaufmann schlief, stand er auf, um zu beten. Er hob seine Augen und Hände zum Himmel und flüsterte unter Tränen bis zum Morgengrauen immer wieder diese Worte: „Iddio mio – mein Gott." Im Schlafzimmer brannte eine kleine Lampe. Bernardo wurde der erste Bruder der franziskanischen Bewegung. Er war Zeuge von Anbetung geworden. Das muss ihn so tief beeindruckt und erschüttert haben, dass er wie Franz dem bürgerlichen Leben in materieller Sicherheit und Bequemlichkeit entsagte, um Jesus Christus nachzueifern.

Was hat Franz vom Schlaf abgehalten?

Man könnte hier unbeschwert sagen, dass Franz halt ein besonders religiöser Mensch war, der die nächtliche Stille zu allerlei spirituellen Übungen nutzte. Damit wird man aber der Einzigartigkeit dessen, was Franz erlebte, nicht gerecht. Was in jener Nacht geschah, lässt sich nicht mit Begriffen und Symbolen bildungsbürgerlicher Wohltemperiertheit fassen. Die Quelle des Glücks, das Franz bis zum Morgen „Iddio mio" flüstern ließ, ist die Begegnung mit etwas absolut Erfüllendem und Faszinierendem, die Begegnung zwischen der nach Einssein mit Gott dürstenden Seele und dem Nahesein des absolut Heiligen, der dem sich nach Gott verzehrenden Herzen zuflüstert: „Ich, dein Gott, sehe dich, und ich bin bei dir. Du bist mein und ich bin dein." Es ist die Erfahrung der faszinierenden und verstörenden Nähe Gottes, die er, der Unverfügbare, einem Menschen gewährt. Es ist, als ob sich der Himmel öffnet und ein Lichtstrahl in eine Seele fällt und der Mensch sich von Gottes Nähe umgeben und zärtlich geliebt weiß. Die christliche Literatur ist voller Zeugnisse solcher Erfahrungen, die Arme und Reiche, Kluge und Einfältige, Frauen und Männer machten.

Am meisten hat mich das Zeugnis des großen Mathematikers und Naturwissenschaftlers Blaise Pascal beeindruckt. Nach seinem Tod fand man einen schmalen Pergamentstreifen, der immer wieder neu in das Futter seines Rockes eingenäht worden war. Dieses sogenannte *Memorial*, das er zeitlebens bei sich trug, sollte ihn immer an die Nacht seiner Gottesbegegnung erinnern. Es heißt da in Auszügen: „Jahr der Gnade 1654, Montag, den 23. November. Seit ungefähr abends zehneinhalb bis ungefähr eine halbe Stunde nach Mitternacht. Feuer. Gott Abrahams, Gott Isaaks, Gott Jakobs, nicht der Philosophen und Gelehrten. Gewissheit, Gewissheit, Empfinden: Freude, Friede. Gott Jesu Christi. Vergessen von der Welt und von allem, außer Gott. Nur auf den Wegen, die das Evangelium lehrt, ist er zu finden." Wir können nur ahnen, was dem Wissenschaftsgenie in jener Nacht widerfuhr. Es muss eine außerordentlich starke Erfahrung für den einunddreißigjährigen Mathematiker gewesen sein, die sein gesamtes weiteres Leben und Denken prägte.

Mit der Kühle eines Religionswissenschaftlers beschreibt Rudolf Otto in seinem Buch „Das Heilige"[11], dem bis heute am häufigsten aus dem Deutschen übersetzten theologischen Werk überhaupt, das Wesen der Gotteserfahrung. Er geht der Frage nach, wie

Menschen die Begegnung mit „dem Heiligen" erleben. Wenn sich „das Numinose", so Ottos neutrale Bezeichnung für das Übernatürliche, dem Menschen mitteilt, so macht er zwei grundsätzliche Erfahrungen. Einmal erlebt er „den ganz Anderen" als eine überwältigende Macht. In Anbetracht dieser Macht und Majestät wird sich der Mensch seiner Geschöpflichkeit und Unzulänglichkeit schmerzhaft bewusst. Er hat das Gefühl, vor dieser Heiligkeit zu vergehen, und ist zutiefst von Furcht und heiligem Erschrecken gepackt. Otto nennt diesen Aspekt der Gotteserfahrung das *Mysterium tremendum*, das Geheimnis des Erschreckens. Zweitens macht der Mensch in der Begegnung mit „dem Heiligen" die Erfahrung, dass ihn „das Numinose" in seiner absoluten Schönheit und Größe grenzenlos fasziniert, begeistert und anzieht. Otto nennt diesen Aspekt der Gotteserfahrung das *Mysterium fascinans*, das faszinierende Geheimnis.

Man kann diese beiden Aspekte bei fast allen Schilderungen von Gotteserfahrungen finden.

Erfahrung, die das Weltbild erschüttert

Alle Gotteserfahrungen haben eines gemeinsam: Es sind Begegnungen mit einer Person, die sich den jeweiligen Menschen offenbarte. Es war keine Idee, kein System, kein ideologisches Gebäude, das sie verzauberte. Sie haben mit Betroffenheit und mit Erstaunen einer personalen Wirklichkeit gegenübergestanden. Bis heute machen Menschen die Erfahrung des Übernatürlichen. Auch Atheisten und Areligiöse.

Am erstaunlichsten ist vielleicht die Geschichte des im 1. Kapitel dieses Buchs zitierten André Frossard. Aus einem kämpferisch atheistischen Elternhaus stammend, besaß der begabte Redakteur keinerlei christliche Vorprägung. Während des zufälligen Besuchs einer Kirche hatte er eine so intensive Gottesbegegnung, dass aus dem absolut areligiösen Journalisten ein überzeugter Christ wurde. Was André Frossard in dieser Kirche widerfuhr, muss so gewaltig und überwältigend gewesen sein, dass er, der kritische Journalist, dem Skepsis zur zweiten Natur geworden war, seinen Skeptizismus und Atheismus von einem Moment zum anderen über Bord warf. Als ein Areligiöser, dem ein materielles Weltbild die natürlichste Selbstverständlichkeit war, betrat er die Kirche. Als bekehrter Katholik verließ er das Gotteshaus und bekannte wenige Augenblicke später einem Freund, der auf ihn wartete: „Gott existiert und alles ist wahr." Seine Erfahrungen in der Kirche und seine Wandlung beschreibt er in dem Buch „Gott existiert. Ich bin ihm begegnet". Es wurde ein Weltbestseller.

Für jeden Menschen ist die Erfahrung Gottes etwas Erschütterndes. Und immer wandelt sich danach das Leben und die Sicht auf die eigene Person und auf die gesamte Wirklichkeit. Für Areligiöse ist eine Begegnung mit dem „Göttlichen" besonders gravierend, da ihr gesamtes Weltbild zum Irrtum wird.

Unsere Ausgangsfrage lautete: Wie kommt es zum Paradigmenwechsel von „die Welt ist genug" zu „nicht genug"? Was setzt den Prozess in Gang, den wir hier mit dem kleinen Wort „nicht" beschrieben haben? Es sind nicht nur die großen Gotteserfahrungen, die Menschen erschüttern und nach Gott fragen lassen. Nach meinem Dafürhalten sind die gewaltigen Gottesbegegnungen eher die Ausnahme. Vielmehr sind es die „kleinen" heiligen Dinge, die sich in unserem Lebensumfeld ereignen, durch die Gott uns anspricht. Und es sind die Menschen, die erfüllt sind mit Glauben, Hoffnung und Geborgenheit. Sie wecken die Sehnsucht in uns, unser Herz und Hirn für Gottes Realität zu öffnen. Sie lassen uns aufhorchen und die Sehnsucht wach werden, dem großen Geheimnis des Lebens und der tiefen Sinnhaftigkeit des Seins auf die Spur zu kommen:

- Ein guter Gottesdienst, der durch seine Schönheit, Echtheit und Intensität etwas in uns zum Schwingen bringt, kann diese Sehnsucht nach Glauben wecken.
- Ein Musikstück wie zum Beispiel das große Halleluja aus Händels „Messias" kann die Augen unseres Herzens unvermittelt öffnen, sodass wir mit einem

Mal klar erkennen, dass es einen Gott gibt, der uns sucht.
- Es kann ein Kunstwerk sein, das uns berührt und auf Gott verweist. Es war ein Gemälde des Gekreuzigten, das Nikolaus Ludwig Reichsgraf von Zinzendorf nicht mehr losließ. Der Untertitel des Bildes „Das tat ich für dich. Was tust du für mich?" hat ihn schließlich dazu gebracht, mit seinem Leben Gott zu dienen. Er wurde der Begründer einer christlichen Weltbewegung.
- Ein Gebet, das versuchsweise gen Himmel gesandt wurde und Erhörung fand, kann den Durchbruch zum Glauben anstoßen.
- Das Lebenszeugnis eines glaubwürdigen Christen kann einen Menschen so sehr ins Fragen bringen, dass er beginnt, Gott zu suchen.
- Die Schönheit der Welt und des Universums kann die Frage in uns aufbrechen lassen, wer die ordnende Macht hinter all der Harmonie und Schönheit ist.

Ein weiser Rat

Noch einmal Blaise Pascal. Er rät Suchenden, den Umgang mit heiligen Dingen zu pflegen. „Lernen Sie von denen, die früher wie Sie von Zweifeln geplagt wurden. Ahmen Sie deren Handlungsweise nach. Tun

Sie alles, was der Glaube verlangt, als wenn Sie schon gläubig wären."

Wer Gott sucht, soll das tun, was Gläubige praktizieren, die einmal selbst Suchende waren: Gottesdienste besuchen, beten, christliche Lebenszeugnisse studieren ... Der Heidelberger Theologe Klaus Berger sagt: „Wir müssen uns dem, was wir erkennen wollen, so lange aussetzen, bis wir es sprechen hören."

Kapitel 4

▶▶ Himmlischer Beistand

Ein Knick in der Biografie

Es gehört zu den Grunderfahrungen des Glaubens, dass die Begegnung mit der Wirklichkeit Gottes zu einem positiven Knick in der Biografie führt. Wenn areligiöse Menschen Zeugen von Veränderungen werden, die auf Gottes Eingreifen zurückgehen, dann kann das den Hunger nach Glauben wecken.

Oft sind es erstaunliche Geschichten der Hilfe und des himmlischen Beistands, die sie in ihrem nichtreligiösen Weltbild erschüttern: geheilte Ehen und Beziehungen, Überwindung von lebenszerstörenden Süchten und Bindungen, tapferes Anpacken von Problemen, wo früher geflohen und verdrängt wurde, positiv veränderte Lebenseinstellungen, froher Lebensmut statt Sinnlosigkeitsgefühlen, Menschen, die ihr Leben in Ordnung bringen und aufhören zu stehlen, zu lügen.

Diese Veränderungen werden von den Menschen im Umfeld der Betreffenden staunend wahrgenommen.

Mehr als eine positive Idee?

Wenn Menschen, für die alles Religiöse irrelevanter Unsinn ist, Zeugen dieser Veränderung werden, weil Freunde oder Verwandte davon betroffen sind und diesen Wandel bezeugen, dann suchen sie nach einer nachvollziehbaren Erklärung, die ihrem naturalistischen Weltbild nicht widerspricht. Für sie steht fest, dass Religion, besonders das Christentum, für das normale Leben völlig irrelevant ist. Sie sind überzeugt, dass Religion den Menschen daran hindert, seine Probleme zu lösen und die Wirklichkeit zu verändern. Wer an Gott glaubt, leidet unter Realitätsverlust. Statt das Leben zu verändern, flieht man in eine Scheinwelt. Ein Mensch, der von der lebensverändernden Kraft des Glaubens redet und sie vorlebt, passt absolut nicht in das weltanschauliche Konzept eines Areligiösen. Ein Gott, der tatsächlich etwas bewegt und die Realität positiv verändert, hat keinen Platz in ihrem Denken. Sie versuchen, diese erlebte Veränderung in ihr materialistisches Weltbild einzubauen, und zwar in dem Sinne, dass positive Ideen nun mal Leben positiv verändern.

Auf jeden Fall ist es eine enorme Herausforderung für das Denken, wenn Menschen, die wir kennen, denen wir vertrauen, deren Urteil wir schätzen, die verändernde Kraft des Glaubens bezeugen. Wenn uns irgendwelche Spinner oder evangelikale Eiferer einreden wollen, dass es Gott wirklich gibt, dann wissen wir, was wir davon zu halten haben. Aber wenn Verwandte oder Freunde mit ihrem offensichtlich positiv veränderten Leben unseren Unglauben herausfordern, dann müssen wir uns dem stellen.

Wege aus der Selbstzerstörung

In unserem Teil der Welt sind wir mit allen möglichen Arten von Süchten konfrontiert. Ich meine damit nicht nur die klassischen Süchte wie Drogensucht und Alkoholismus, sondern verschiedenste Lust-, Glücks- und Kickbringer: Fresssucht, Spielsucht, Magersucht, Kaufsucht, Sexsucht usw. Soziologen sprechen von der Suchtgesellschaft. Besonders Menschen, die eine schwere Kindheit hatten oder die, meist hormonell bedingt, zur Schwermut neigen, sind suchtanfällig.

Im Kontext der Suchtproblematik machen Menschen die Erfahrung, dass der Glaube Kräfte freisetzt, einen Weg aus der Selbstzerstörung zu finden. Auf meinem Lebensweg als Pfarrer und Gemeindegründer sind mir viele Menschen begegnet, die durch die Kraft des Glaubens ihre Süchte, zerstörerischen Verhaltensmuster, negativen Gedanken und Angewohnheiten überwinden konnten. Immer wieder habe ich beobachtet, wie der Glaube die Sicht auf das Leben und auf die eigene Person verändert. Jedes dieser unzähligen Beispiele hat andere ermutigt, ihre materialistische Weltsicht kritisch zu hinterfragen und sich für die Möglichkeit zu öffnen, dass es Gott gibt, dass man ihn finden kann und dass er eine befreiende Macht der Liebe ist.

Kiffen bis zum totalen „Kawumm"

Konrad kommt aus dem Ostberliner Plattenbezirk Hellersdorf. Seinen Vater kennt er nicht, er lebt allein mit seiner Mutter. Konrad ist ein sensibler, künstlerisch begabter, schüchterner junger Mann. Er neigt zur Labilität und hat ein Alkohol- und ein Haschisch-Problem. Oft trifft er sich mit seinen Freunden, und sie kiffen, bis es „Kawumm" macht, so ein Spezialausdruck aus der Kifferszene für den totalen THC-Flash. Konrad wirkt manchmal verpennt und geistig abwesend. Seine Leistungen in der Schule haben nachgelassen. Vielleicht hat das THC schon einige Synapsen in seinem Gehirn weggeschossen. Von Glauben und Kirche hat er null Ahnung. Religionsunterricht gibt es an seiner Schule nicht. Die einzigen Informationen zu diesem Thema hat er aus den Medien.

Als er hört, dass Marie, eine Freundin aus seinem Abiturkurs, Christin geworden ist, fragt er sie spöttisch: „Gehörst du jetzt zu denen, die Hexen verbrennen und mit Flugzeugen in Hochhäuser fliegen?"

Marie kontert: „Du hast überhaupt keine Ahnung. Komm einfach mal mit und mach dir selbst ein Bild."

Und Konrad kommt mit. Nach dem Gottesdienst wird er noch zu einer kleinen Feier in eine Wohnung eingeladen. Dort diskutiert er bis spät in die Nacht über Gott und die Welt. Ihm wehen Sympathie und Verständnis entgegen. Er kommt wieder. Freundschaften werden geknüpft. Einer schenkt ihm eine Bibel. Er beginnt, darin zu lesen. Er besucht einen Glaubenskurs in der Kirche und beginnt, kritisch über seine Weltsicht nachzudenken. Schritt für Schritt öffnet er sich dem christlichen Glauben, bis er zur inneren Gewissheit findet, dass es Gott gibt und dass er durch Jesus erfahrbar ist.

Heute ist Konrad erfolgreicher Webdesigner. Er hat einen super Studienabschluss hingelegt, spielt Bass in seiner Kirchengemeinde und ist glücklich verheiratet. Es ist fraglich, ob Konrad ohne Gott die Kurve gekriegt hätte. Er vermutet selbst, dass er sich vielleicht um Verstand und seelische Gesundheit gekifft hätte.

Gott hat was mit mir vor

Nicht nur die Kinder lieben ihn. Christian ist einfach ein Schatz. Er hat ein Herz für Heranwachsende. Das lebendige Kinderprogramm in der Jungen Kirche Berlin wäre ohne ihn gar nicht vorstellbar. Immer wieder kann man beobachten, wie die Kinder in der Kirche stürmisch auf ihn zugerannt kommen. Sie alle sind Fans von ihm. Sein Geheimnis? Er liebt Kinder und ist im Herzen selbst eins: spaßig, verspielt, abenteuerlustig, neugierig, für jeden Blödsinn zu haben.

Dabei war Christians Lebensweg nicht gerade rosig. Aufgewachsen unter schwierigen Verhältnissen in Berlin-Hellersdorf, musste er schon früh erfahren, dass das Leben eine anspruchsvolle Herausforderung ist. Christian ist ein Kind des ostdeutschen Atheismus. Gott? Null Peilung. Glaube und Kirche? Kein Thema. Christian war noch ein Teenager, als seine Mutter ihn vor die Tür setzte. Da blieb als erste Zuflucht nur das Obdachlosenheim.

In dieser Zeit macht er zum ersten Mal Bekanntschaft mit dem Glauben. An einem Stand der „Arche" (christliche Initiative für Kinder) wird er zum Gottesdienst eingeladen. Weil er ein praktisch denkender Mensch ist, sagt er sich: *Wenn es Gott wirklich gibt und ich an ihn glauben soll, dann muss er etwas für mich tun.* Christian ist ein Fan der „Kelly Family". Aus der Zeitung weiß er, dass Joey Kelly beim Berlin-Marathon mitläuft. Das Event steigt an diesem Wochenende. Also spricht Christian das erste Gebet seines Lebens: „Wenn es dich gibt, Gott, dann lass mich unter den 25.000 Läufern den Joey treffen."

Am nächsten Tag macht Christian sich auf, um beim Marathon mitzulaufen. Das Unglaubliche geschieht. Einer der Ersten, die der junge Mann trifft: Joey Kelly. Die beiden sprechen miteinander, drei Kilometer läuft Christian mit dem Star, Fotos werden gemacht. Christian ist überglücklich. Und er beginnt, an Gott zu glauben. Kurze Zeit später lässt er sich taufen.

Durch den Glauben und durch die Menschen in der Kirchengemeinde wächst in ihm die Überzeugung, dass er ein wertvoller, geliebter Mann ist, mit dem Gott noch etwas vorhat in dieser Welt. Christian findet viele neue Herausforderungen, für die es sich zu leben lohnt: mit Kindern arbeiten, Familienfreizeiten gestalten, babysitten, fotografieren, beten in Gemeinschaft. Zurzeit arbeitet er an seinem Realschulabschluss. Sein Ziel: Er möchte Erzieher werden. Christians Traumberuf! Er glaubt, dass auch Gott einen Traum hat: dass sein Kind Christian seine Berufung als Zeichen der Liebe und Barmherzigkeit für kleine und große Kinder erkennt. Nun kann man sehen, wie zwei Träume wahr werden: der von Gott und der von Christian.

Das richtige Passwort

Sonntagabend, ein Gottesdienst in der Jungen Kirche Berlin. Viele, meist junge Menschen füllen die Kirche. Zwischendrin sind ein paar Plätze frei. In der Mitte der Kirche steht ein Altar mit einem großen Kreuz und vielen flackernden Kerzen. Den vorderen Bereich nimmt eine modern ausgeleuchtete Bühne ein mit verschiedenen Instrumenten, Lautsprecherboxen, Kabeln.

Zwischen all dem Musikequipment steht ein junger Mann mit einem Mikrofon in der Hand und gibt eine sehr spezielle Geschichte zum Besten. Vor einigen Monaten stand Eric schon einmal an dieser Stelle. Das war anlässlich seiner Taufe, als er sein „Taufzeugnis" erzählte, das heißt, er berichtete, wie er vom Atheismus zum Glauben gekommen war und warum er sich nun taufen ließ.

Bis vor einiger Zeit hatte er mit Religion, Kirche und Glauben absolut nichts am Hut. Als er seinen Eltern sagte, dass er sich taufen lassen wolle, hatten sie überhaupt kein Verständnis für diesen Schritt. Sie fragten sich, wie ihr Sohn, ein gutaussehender, fröhlicher Informatikstudent, in die sumpfigen Niederungen der Religion geraten konnte.

Nun steht Eric abermals vorn und viele Augen blicken ihn an. Mit ruhiger und sachlicher Stimme, ganz der Informatiker, erzählt er seine Geschichte: wie er gerade an seiner Diplomarbeit schrieb; wie er nach einem Unfall einen Gips bekam und zu Hause bleiben musste; wie ihm sein Arbeitgeber, ein deutscher Sportwagenhersteller, für den er die Software schreibt, einen Laptop stellte. Natürlich war die Festplatte mit einem Passwort gesichert. So ein Passwort muss man alle paar Monate ändern. Eric hatte es gerade geändert. Es war Samstag. Am Montag wollte er seine Diplomarbeit abgeben. Noch schnell der Arbeit den letzten Schliff geben. Um den Klapprechner hochzufahren, gab er das neue Passwort ein. Falsch! Noch mal. Wieder falsch. Nach dem dritten Versuch musste er zehn Minuten warten. Erst dann war der Laptop bereit, abermals ein Passwort anzunehmen. Noch mal falsch. Unzählige Versuche folgten. Vergebens. Ärger und Verzweiflung stiegen in Eric hoch. Er machte eine Liste und probierte alle Passwortvarianten durch, die er jemals verwendet hatte. Ohne Erfolg! Schließlich gab er genervt auf. Seine Frau und er beteten noch vor dem Schlafengehen zusammen und baten Gott um ein Wunder. Am nächsten Morgen gab Eric ein beliebiges Wort ein. Es war eigentlich ein absurdes Wort, das überhaupt nicht seinem Passwortsystem entsprach und auch nicht auf der Liste stand. Er drückte „Enter". Der Rechner fuhr hoch. Es war das richtige Passwort.

Eric schilderte später, wie er sprachlos vor dem Computer saß und einen heiligen Moment erlebte, in dem er Gottes Nähe und Fürsorge spürte. Wer Eric kennt, weiß: Er ist ein nüchterner Ingenieurs-Typ, keiner, der hinter jeder Ecke den Heiligen Geist vermutet. Den Zettel mit den 50 falschen Passwörtern hat er in sein Gebetstagebuch geklebt als seinen persönlichen Gottesbeweis, als Erinnerung daran, dass Gott ihn kennt und sieht mit allen Problemen – und dass Gott sich freut, wenn wir zu ihm kommen und ihn um Hilfe bitten.

Nach dem Gottesdienst laden wir zur Gastgruppe ein. Menschen, die als Gäste unseren Gottesdienst besucht haben, sitzen in einer entspannten Runde zusammen und reden über den Gottesdienst, über Gott, die Welt und sich selbst. Auch einige Areligiöse, die von Bekannten mitgebracht wurden, sind dabei. Das vorherrschende Thema heute: Erics Passwortgeschichte.

„Das ist doch ein Zufall", sagen sie.

Ich antworte: „Sicher! Wir beten und oft passieren dann die Zufälle. Sie fallen uns von Gott zu."

Das anschließende Gespräch dreht sich um die Frage: „Gibt es Gott wirklich? Greift er in unser Leben ein?" Gespräche dieser Art können hilfreich sein, wenn es darum geht, dass Menschen sich mit der Frage beschäftigen, ob diese Welt wirklich genug ist oder ob es da vielleicht noch eine ganz andere Wirklichkeit gibt, die zu suchen sich lohnt.

Das bessere Leben?

Es gibt eine Reihe von psychologischen Untersuchungen darüber, ob der Glaube dem Menschen tatsächlich guttut. Als ich noch Pfarrer im thüringischen Sonneberg war, kam eine Psychologin der Universität Jena in unsere neu gegründete Gemeinde. Da zu DDR-Diktatur-Zeiten Religion ein Tabuthema war, hatte die psychologische Fakultät einiges nachzuholen. Für eine groß angelegte Studie zu dem Thema: „Welche Auswirkungen hat der Glaube auf den Menschen?" wurden Christen in verschiedenen Gemeinden befragt. Auch bei uns. Das Resultat: Die Unterschiede zwischen Christen und Nichtchristen sind unerheblich. Nur in einem Punkt unterschieden sich Gläubige und Ungläubige deutlich voneinander: Den Christen wurde eine höhere Stabilität im Umgang mit Krisen und Konflikten bescheinigt.

2005 erschien in der Zeitschrift „Psychologie Heute" ein interessanter Artikel mit dem Titel „Glaube, Hoffnung, Heilung", der der Frage nachging, wie sich der Gottesglaube auf das Leben auswirkt. Die Autorin schrieb: „Die wissenschaftlichen Belege sind eindrucksvoll: Gläubige Menschen genesen schneller von Krankheiten, sind gegen Depressionen weitgehend gefeit und benötigen weniger Schmerzmittel. Inzwischen beschäftigen sich auch Schulmediziner mit dem ‚Medikament', das nicht verschrieben werden kann: dem Glauben an eine höhere Macht." Die Wissenschaftsjournalistin fährt fort:

„Dass sich Menschen mit ihrer Hinwendung zu spirituellen oder religiösen Inhalten eine gesundheitsfördernde Ressource erschließen, zeigt eine Vielzahl wissenschaftlicher Studien. Über 1.200 unabhängige (meist amerikanische) Untersuchungen kommen zu beeindruckenden Ergebnissen: Religiöse Menschen sind weniger oft im Krankenhaus, haben einen niedrigeren Blutdruck und scheinen besser gegen Herz-Kreislauf-Erkrankungen geschützt zu sein. Sie reagieren auf belastende Lebensereignisse und Krankenhausaufenthalte weniger häufig mit Depressionen. Wenn sie dennoch einmal depressiv werden, erholen sie sich meist in kürzester Zeit. Patienten, die glauben und beten, waren nach Operationen schneller wieder auf den Beinen und benötigten weniger Schmerzmittel. Menschen, die regelmäßig einer spirituellen Praxis nachgehen, verfügen über ein stärkeres Immunsystem. Sie haben deutlich niedrigere Blutwerte von Interleukin-6, das bei chronischem Stress erhöht ist und als Zeichen eines geschwächten Immunsystems gilt. Ein geschwächtes Immunsystem wiederum ist bekanntlich ein wichtiger Faktor bei zahlreichen Erkrankungen, angefangen bei einfachen (immer wiederkehrenden) Infekten bis hin zu schwerwiegenden Krankheitsbildern."[12]

Dass Glauben positive Kräfte freisetzt, ist auch für areligiöse Menschen nachvollziehbar. Die Frage ist nur: Was steckt dahinter? Göttliches Wirken oder menschliche Natur? Heiliger Geist oder Selbstheilungskräfte der menschlichen Psyche? Die Antwort aus christlicher Sicht ist einfach: beides. Gott arbeitet mit dem Menschen. Gottes Kraft wirkt in und mit dem menschlichen Geist und mit der Seele. Die Antwort aus areligiöser Sicht: Glaube ist pure Einbildung, ein Placebo, das dann positive Wirkung entfaltet, wenn man an diese Wirkung glaubt.

Seit einigen Jahren suchen auch Hirnforscher und Radiologen nach den Wurzeln des Glaubens. Sie beschäftigt die Frage: Was geschieht in den Gehirnen von Menschen, wenn sie eine transzendente Erfahrung machen? Mittlerweile wurden Anhänger unterschiedlicher Glaubensrichtungen mit modernsten bildgebenden Verfahren untersucht, während sie im Gebet versunken waren oder meditierten. Und tatsächlich scheint der Mensch mit einer neuronalen Basis für religiöse Erfahrungen ausgestattet zu sein.

Das alte Problem: Was heißt das nun? Ist Gott ein Hirngespinst, weil sich zumindest ansatzweise zeigen lässt, wie sich religiöse Empfindungen im Gehirn niederschlagen? Das behauptet zumindest der Neuropsychologe Michael Persinger. Er entwickelte eine Art Helm, der ein schwaches magnetisches Feld generiert. Diese magnetische Stimulation manipuliert die Hirnströme speziell im Scheitellappen so, dass vier von fünf zufällig ausgewählten Testpersonen nach 20 Minuten das Gefühl hatten, eine spirituelle Empfindung zu erleben – ganz ohne religiöse Besinnung.[13]

Oder sollten wir aus der Erkenntnis, dass das menschliche Gehirn auf bestimmte Reize anspricht – seien es religiöse Gebete, Rituale, Meditation oder eben künstliche Stimulationen –, nicht eher den gegenteiligen Schluss ziehen?

Darauf machte sogar der glaubenskritische Hirnforscher und Pionier der Neurotheologie Andrew Newberg aufmerksam, als er vom Vatikan für seine Versuche kritisiert wurde, den neuronalen Wurzeln der Religiosität auf die Schliche zu kommen: „Wenn es einen Gott gibt, macht es dann nicht absolut Sinn, dass er uns so geschaffen hat, dass wir ihn erfahren und mit ihm kommunizieren können?"[14] Die Tatsache, dass unser Gehirn auf religiöse Reize anspricht, beweist nicht, dass es Gott gibt. Sie beweist aber auch nicht das Gegenteil.

Alles Einbildung oder was?

Heiner ist ein guter Freund von mir, ein echter „Areligiöser vor dem Herrn". Zumindest war er das bis vor Kurzem. Aufgewachsen im Sozialismus Ostberlins, blieb sein Leben von Kindesbeinen an absolut unbehelligt von jeglicher Religion. Im Fernsehen sah er zufällig einen Bericht über mich.

„Ein Pfarrer, der in Berlin eine Gemeinde für Atheisten gründet? Den Typ muss ich mal kennenlernen."

Er googelte und rief mich an, ob er mal vorbeikommen könnte. Wir trafen uns in meinem Büro. Ich kam gerade von einer Dreitausender-Tour in den Alpen zurück. Begeistert zeigte ich ihm die Bilder von meiner Großvenediger-Besteigung. Heiner ist ein Bergfreak. Ich auch. Wir hatten unser Thema. Ich hatte vergessen zu fragen, was er eigentlich wollte. Er hatte vergessen, sich über Kirche und Glaube schlauzumachen. Wir redeten und redeten. Die Zeit verflog. Wir verabredeten uns wieder.

Heiner begann, regelmäßig unsere Gottesdienste zu besuchen, und nahm an Gemeindefreizeiten teil. Im Winter fuhren wir zum Skilaufen nach Österreich. Schritt für Schritt lernte er die Welt des Glaubens kennen. Er hörte viele Geschichten von Menschen, wie sie gläubig geworden waren, Gott erlebten, sein übernatürliches Eingreifen erfuhren.

Heiner und ich reden oft bei einem guten Rotwein über das, was er von Christen über Glaubenserfahrungen gehört hat.

Letztens sagte er: „Aber das kann man doch alles ganz normal erklären. Das ist doch kein Beweis. Ihr Christen steigert euch da in etwas hinein. Ich gebe ja zu, ihr habt da so eure Theorien, und die funktionieren auch irgendwie. Aber man kann das alles auch ohne Gott erklären."

Ich gebe ihm da recht. Heiner argumentierte weiter: „Ich brauche Beweise, die logisch und unwiderlegbar sind."

Da haben wir den Salat, dachte ich. Wie sollte ich ihm denn Beweise liefern, wenn Gott sich rarmacht in dieser Welt? Er entzieht sich dem Beweissucher und offenbart sich dem gläubigen Suchenden. Das Wirken Gottes in dieser Welt ist vieldeutig. Das weiß ich alles und bejahe es auch. Aber im Gespräch mit Heiner würde ich den Beweis der Realität Gottes gern aus dem Himmel zu mir runter in mein Wohnzimmer zerren, in dem ich mit Heiner sitze. Wenigstens ein zweieinhalb Meter großer Engel (ein größerer passt nicht in mein Wohnzimmer) könnte plötzlich erscheinen und mit Donnerstimme was von Gott erzählen. Herrlich, mir vorzustellen, wie wir beide andächtig vor der Lichtgestalt auf die Knie gehen. Nachher würde ich triumphierend rufen: „Hab ich's dir nicht gesagt?"

Stattdessen lümmelten wir auf dem alten Ledersofa rum. Heiner schaute mich fragend an. Ich erklärte wortreich, dass das mit dem Beweis leider nicht geht. Der Theologe in mir wusste, dass alles gut war, wie es war. Gott ist nicht beweisbar. Aus gutem Grund. Aber der Mensch in mir, der gern recht hat und andere gern überzeugt, seufzte über so viel Ohmacht.

Ein sanftes Werben

Jesus ist nach seiner Auferstehung über fünfhundert Menschen begegnet[15], aber nicht denen, die ihn ans Kreuz geschlagen hatten, nicht dem Prokurator Pontius Pilatus, nicht dem Hohepriester, nicht den Priestern im Tempel, nicht den Theologen, die ihn für einen Gotteslästerer hielten. Nein, Jesus zeigte sich nur seinen Anhängern. *Schade eigentlich*, denke ich. Doch wenn ich verstehe, worum es Jesus wirklich geht, dann weiß ich, weshalb er nur seinen Nachfolgern eine Begegnung mit sich schenkte.

Die Wahrheit Jesu drängt sich uns nicht auf. Sie will uns nicht zwingen, nicht unser Denken manipulieren, nicht den Glauben aufdrücken. Stellen wir uns mal vor, Christus würde den Menschen erscheinen, die nicht an ihn glauben. Was wäre gewonnen? Nichts. Es geht Gott nicht darum, uns zum Glauben zu nötigen. Gott will unsere Liebe. Liebe und Freiheit gehören zusammen.

Aber wieso würde uns eine Begegnung mit dem Auferstandenen zum Glauben zwingen und unsere Freiheit zerstören? Dazu müssen wir verstehen, dass wir nach einer Begegnung mit Jesus nicht mehr cool sagen könnten: „Okay, ich überleg mir das." In Christus würde uns eine so unglaubliche, Ehrfurcht gebietende Macht und Herrlichkeit begegnen, dass wir keine Freiheit mehr hätten, an Gott zu glauben. Wir wären keine Menschen mehr, die für die Liebe gewonnen wären, sondern Geschöpfe, die vor der absoluten Übermacht ihres Schöpfers kapitulieren. Solange wir Gott für eine Art himmlischen Opa halten, einen netten, aber harmlosen „alten Mann", einen lieben Gott, dem man mal den Stinkefinger für seine leidvolle Welt zeigen möchte, so lange verstehen wir nicht, warum Gott uns nicht einfach begegnen und uns aus unserem Unglauben erlösen kann. Seine absolute Größe würde unseren Unglauben und Widerstand „erdrücken".

Ein Beispiel: Als junger Mann arbeitete ich nach der Schule in einem kirchlichen Heim für geistig Behinderte in einem großen alten Schloss. Dort teilte ich mir ein Zimmer mit einigen anderen jungen Leuten. Eines Abends im Sommer packte uns der Übermut und wir veranstalteten eine zünftige Wasserschlacht. Genauer gesagt, setzten wir unsere gesamte Etage unter Wasser. Die DDR-Elektrik begann zu spinnen, ein lauter Krach mit Blitz im Sicherungskasten. Dann war es im ganzen Haus dunkel. Am nächsten Vormittag musste ich als Anstifter bei der Oberschwester antanzen, einer resoluten, ehrfurchtgebietenden Diakonisse. Ich hatte mir einige Erklärungen (Ausreden!) zurechtgelegt. Aber als ich ihr gegenübersaß, in ihre strengen, blitzenden Augen blickte und ihre Stimme hörte, die keinen Widerspruch duldete, fiel mir kein vernünftiges Wort mehr ein. Ihre wirklich hoheitliche Erscheinung strahlte so viel Autorität aus, dass ich mir ganz klein und elend vorkam.

Wenn schon die Begegnung mit einem Menschen unseren Widerstand und unsere Gegenwehr neutralisieren kann, um wie viel mehr nähme uns eine Begegnung mit der Realität Gottes die Freiheit, diesen Gott zu ignorieren, geschweige denn, ihm zu widerstehen!

Offenbarung nur für Insider?

In der Bibel stellt einer der Jünger dem Herrn eine hochaktuelle Frage: „Warum willst du dich nur uns zu erkennen geben und nicht der ganzen Welt?" Das ist genau die Frage, um die es hier geht. Ich höre in der Jüngerfrage eine sanfte Forderung: „Gib uns Beweise für alle statt Offenbarung nur für Insider!"

Wie geht Jesus mit dieser Anfrage um? Er antwortet: „Wer mich liebt, der wird mein Wort halten. Und mein Vater (also Gott) wird ihn lieben. Und wir werden zu ihm kommen und in ihm wohnen."[16] Mit anderen Worten: Jesus sagt, dass Gott sich demjenigen zu erkennen gibt, der Jesus liebt und seine Gebote hält. Also doch nur für Insider? Die Antwort: Gottes Offenbarung gilt nicht Insidern, sondern Menschen, die bereit sind zu einer liebenden Verbindung mit Jesus. Denn wem er sich offenbart, der ist kein neutrales Gegenüber mehr. Jesus ist einfach zu faszinierend.

Gott geht es um eine Liebesbeziehung mit seinen Menschen, nicht um Unterwerfung unter einen unergründlichen Willen wie im Islam. Das ist einer der Hauptunterschiede zum Christentum. Gott könnte uns seine Macht und Herrlichkeit offenbaren. Aber er nimmt sich zurück, um unsere Freiheit zu wahren. Er zeigt uns so viel von sich, dass wir darauf reagieren können, ohne die Freiheit zum Nein zu verlieren.

Gott könnte den überzeugenden Engel als Heidenschreck in mein Wohnzimmer schicken, wenn Heiner gerade wieder mal einen Gottesbeweis fordert. Aber ein fragender und suchender Heiner ist Gott lieber als ein Heiner, der vor seiner Majestät kapituliert. Gott zwingt den Menschen nicht zum Glauben. Er möchte seine Liebe und Aufmerksamkeit gewinnen.

Wie macht er das? Er sendet Jesus in die Welt, einen Menschen ganz nach Gottes Art und Charakter. Er ist das Zeichen der Liebe Gottes, das uns nicht erdrückt, sondern umwirbt. Gott läuft uns sozusagen durch Jesus hinterher. Sein Kommen in die Welt, seine gelebte Liebe zu allen Menschen, Sündern und Gerechten, Armen und Reichen, Gesunden und Kranken, Versagern und Erfolgsmenschen, Frommen und Gottesleugnern, ist eine einzigartige Rückholaktion Gottes. Er wirbt um das Herz und das Vertrauen des Menschen.

Das stärkste Zeichen der suchenden Liebe Gottes ist schließlich der Tod Jesu am Kreuz. Er ist ein Zeichen dafür, wie radikal Gott sich hingibt, um eine zerstörte Beziehung wiederherzustellen. Und die Anhänger Jesu von damals bis heute haben eine Aufgabe: diese Versöhnungsaktion Gottes allen Menschen bekannt zu machen. Gott wirbt um die Herzen seiner Menschen durch Jesus. Durch Jesus. Sie besitzen weiterhin die Freiheit, Nein zu sagen oder Ja. Sie können Jesus verlachen oder ihm nachfolgen, an Gott glauben oder ihn ablehnen, seine Gebote übertreten oder seinen Willen tun, Gott verachten oder ihn lieben. Sie sind frei.

Diejenigen, die Jesus lieben und ihn um Zeichen seiner Gegenwart bitten, erleben manchmal erstaunliche Dinge. Immer wieder erzählen mir Menschen von unglaublich faszinierenden Erfahrungen mit Gott: Heilungen, erstaunlichen Gebetserhörungen, Begegnungen mit dem Heiligen, Manifestationen der Kraft Gottes. (Ich selbst habe ebenfalls einige mein Denken sprengende mystische Erfahrungen gemacht.)

Aber niemals hat Jesus sich den Menschen aufgezwungen. Immer blieb ihnen der Freiraum, ihm zu folgen oder eigene Wege zu gehen, ihm zu vertrauen oder ihn abzulehnen. Aus diesem Grund sind die Erfahrungen, die Menschen mit Gott machen, oft so vieldeutig. Wir sollen frei bleiben, Gott zu vertrauen oder ihn zu verneinen.

Daher kann ich meinem Freund Heiner Gott nicht präsentieren wie den Turbolader in meinem Auto. Daher erscheint auch nicht der gewaltige Engel in meinem Wohnzimmer, wenn Heiner zu Besuch ist. Daher muss mein Freund damit leben, dass das Zeugnis von Gottes Realität von suspekten Menschen wie mir oder meinen Mitchristen vorgetragen wird. Klar, ein Engel wäre schon klasse. Aber es geht Gott nicht darum, dass Heiner vor der Wahrheit kapituliert und widerwillig glaubt. Es geht Gott darum, dass mein Freund anfängt, sich für Gottes Liebe und Wahrheit zu öffnen, bis sein Herz bereit ist, Jesus zu empfangen.

Kapitel 5

▶▶ Wozu um alles in der Welt lebe ich eigentlich?

Wie der moderne Mensch die Sinnfrage entdeckte

Die Sinnfrage, so wie wir sie heute kennen und stellen, ist recht modern. Die Bibel kennt sie nicht. Die alte Philosophie kennt sie nicht. Erst mit der Romantik tauchte diese Frage auf. Der Philosoph Johann Gottlieb Fichte schrieb 1800 ein Buch zum Thema „Die Bestimmung des Menschen". Und von da an geisterte die Sinnfrage durch unseren Kulturkosmos. Freilich war sie damals meistens in Formulierungen wie „Zweck des Lebens" oder „Wert des Lebens" gekleidet. Aber immerhin begannen die Gescheiten von damals, sich über diese Frage auszulassen. Nach und nach setzte sich „Sinn des Lebens" als bedeutungsschwangerer Begriff durch, nicht zuletzt 1908 durch den Bestseller eines Ostfriesen: „Der Wert und Sinn des Lebens" von Rudolf Eucken, für den er sogar den Literaturnobelpreis erhielt.

Aber wieso werkelten die Luftschifffahrer des Geistes nicht schon viel früher an einer angeblich wichtigen Frage herum? Die Antwort ist nicht schwer: weil die Frage niemanden interessierte! Sie war gar keine Frage. Der Sinn des Lebens lag klar auf der Hand: *Gott!* Was sonst? Die Bestimmung des Menschen, sein Zweck und Wert ist ihm von seinem Schöpfer gegeben. Gott ist der Schlüssel zum rechten Leben und zur Glückseligkeit. Punkt. Wer mehr wissen will, muss die Bibel und die christliche Tradition befragen. Dort kann man eine Menge darüber erfahren, wie Gott sich das mit dem Menschen gedacht hat, wozu er da ist und wohin er geht. Bei Augustinus, bei Thomas von Aquin, bei Martin Luther und anderen Geisteshelden war die Sinnfrage Teil der christlichen Lehre über Gott und den Menschen.

Doch im Zeitalter der Aufklärung, also ungefähr am Ende des 18. Jahrhunderts, erlebte Westeuropa so etwas wie einen Paradigmenwechsel. (Sorry! Schon wieder dieses Monsterwort.) Die klugen Köpfe jener Zeit begannen, die Autoritäten von Kirche und Christentum kritisch zu hinterfragen. Sie hatten die alten Antworten und Denkmuster satt. Sie entwickelten das, was wir heute Säkularisierung nennen, und fingen an, die Welt, den Menschen, den Staat, die Natur, die Kultur ohne Gott zu denken. Und dabei kamen sie auf viele neue Ideen – großartige und schreckliche. Und sie begannen, ganz neu zu fragen, wer der Mensch ist und wie er richtig leben kann. Es war der Philosoph Immanuel Kant, der die Sinnfrage (ohne sie so zu nennen) in drei Grundfragen umriss:

1. Was kann ich erkennen?
2. Was soll ich tun?
3. Was darf ich hoffen?

Eigentlich sind das die drei Urfragen des Menschseins überhaupt:

1. Wer bin ich?
2. Wozu bin ich da?
3. Wohin gehe ich?

Diese drei Fragen geben ungefähr die drei inhaltlichen Aspekte des Wortes „Sinn" wieder: Bedeutung, Funktion und Ziel.

Ist die Sinnfrage überhaupt sinnvoll?

So wie die Sinnfrage im 19. Jahrhundert bei den führenden Geistesgrößen „in" war, so ist sie im 21. Jahrhundert „out". Zumindest hielten und halten sie viele tonangebende Philosophen für erledigt, weil sie nur eine Fragestellung von Leuten ist, die heimlich doch gerne an etwas Höheres, Metaphysisches glauben würden und sich mit der letztlichen Absurdität des Lebens nicht zufriedengeben können. „Sinn des Lebens" klingt heute nach Esoterik, Religion oder Psychoratgeber. Die Frage nach einem übergeordneten Lebenssinn ist, wie der Philosoph Ludwig Wittgenstein meinte, eine „unsinnige Frage" und eine Antwort darauf nichts weiter als „Geschwätz". Es gibt nicht *den* Sinn des Lebens. Man kann seinem Leben höchstens einen Sinn geben.

Die Menschen glauben heute an eine endgültige Bedeutung des Lebens ebenso wenig wie an den Weihnachtsmann. Da alles relativ ist, muss sich jeder seinen persönlichen Lebenssinn zusammenbasteln. Dem Menschen steht es frei, zu wählen und zu entscheiden, welchen Sinn er seinem Leben geben möchte. Und er hat viele Wahlmöglichkeiten.

Bei seiner Sinnsuche geht er meistens philosophischen und theologischen Fragestellungen aus dem Weg. Man sucht sich lieber den erstbesten Sinn aus, der gerade zum Leben passt. Egal, ob dieser etwas taugt, also tragfähig ist in Leid, Krankheit, Zerbruch und Tod. Der Sinn des eigenen Lebens kann das Partywochenende sein, der Traumpartner oder wenigstens eine gute Sexbeziehung, der eigene Nachwuchs, der berufliche Erfolg mit der entsprechenden Kohle, die Selbstverwirklichung, der Fußballclub, der Esoterik-Zirkel, das eigene Haus, der Garten, die Anerkennung innerhalb der Szene, zu der man gehört.

Viele Dinge, die den Menschen früher wichtig waren wie die Hingabe an den Glauben oder die Treue zum Vaterland spielen heute dagegen überhaupt keine Rolle mehr. Die Sinnsuche ist rein innerweltlich geworden. Der tschechische Dichter und Politiker Václav Havel sagt: „Die Tragödie des modernen Menschen besteht nicht darin, dass er im Grunde immer weniger über den Sinn des Lebens weiß, sondern darin, dass ihn das immer weniger stört." Viele Menschen weichen der Sinnfrage aus, weil es ihnen genügt, im Leben einfach nur zu funktionieren.

Wir sind heute in der misslichen Lage, dass wir einerseits das Bedürfnis nach einem echten Lebenssinn verspüren, dass uns aber andererseits die Frage suspekt ist, da sie nach einer transzendenten Deutung des Lebens riecht. Weil sich in unserem Kulturkreis die große Sinnfrage in lauter kleine, individuelle und subjektive Sinnfragmente aufgespalten hat, sind wir auf der Suche nach unserer Identität.

Die Frage „Wer bin ich?" erhebt ihr Haupt und lechzt nach einer Antwort. Ein Buch mit dem schönen Titel „Wer bin ich, und wenn ja, wie viele?" von Richard David Precht macht gerade Furore. Nicht umsonst hat dieses kluge, aber in seiner Quintessenz banale Buch (wenn man es an seinem Buchtitel misst) eine breite Leserschaft gefunden. Sie besteht vor allem aus vielen sinnsuchenden Menschen, die im Durcheinander postmoderner Beliebigkeit Orientierung wollen. Precht klopft auf 380 Seiten die Geistesgeschichte nach der Sinnfrage ab und gelangt dann zu dem „überraschenden" Fazit, dass jeder Mensch maximal seinen *eigenen* Lebenssinn finden könne, was immer das auch heißt.

Ein alter Bekannter, ein Pfarrerssohn, der den Glauben seiner Kindheit längst über Bord geworfen hatte, meinte nach der Lektüre dieses Buches zu mir: „Wenn man das Christentum und seine Sinnangebote kennt, dann ist das, was Precht in seinem Buch an Sinn anzubieten hat, so ärmlich, dass ich mich lieber wieder dem alten Christentum zuwende."

Nicht nur Prechts Buch ist ein Hinweis darauf, dass die totgesagte Sinnfrage fröhlich auferstanden ist. Eigentlich war sie ja noch nie tot. Sie wurde totgeredet von Leuten, in deren materialistischem oder existenzialistischem Konzept die Sinnfrage einfach nur stört und nervt. So bringt der Soziologe Gerhard Schulze in seinem 2004 erschienenen Buch „Die beste aller Welten" die Sinnfrage wieder zu Ehren, wenn er schreibt: „Das 21. Jahrhundert wird wie nie zuvor die Frage nach dem WOZU stellen, nach dem, was zeitlos wahr und gut ist."

Zum Sinnsucher verurteilt

Ich bin mir sicher, dass wir die Sinnfrage nicht loswerden. Wir können sie ins Lächerliche ziehen, banalisieren, in Fragmente auflösen, der Unterhaltungsindustrie überlassen, aber sie wird uns umfangen und zum Fragen zwingen. Warum? Weil wir als Menschen so gemacht sind, dass wir für unser Leben eine großartige Bedeutung, einen umfassenden Sinn entdecken wollen. Wir sind „Sinnwesen", wie der Psychologe Viktor E. Frankl unser Sein definierte. Darum betrifft die Sinnfrage *alle* Menschen. Daher sind wir immer auf der Suche nach einer tragfähigen Antwort.

Ich denke an Leo, einen Studenten, der in unsere Gemeinde kam, weil er nach einem plausiblen Grund suchte zu leben.

Ich denke an die 14-jährige Laura aus Berlin, die sich aus dem Fenster stürzte, weil sie an der Sinnlosigkeit zerbrach. In ihrem Abschiedsbrief standen die Zeilen: „Ich sehe keinen Sinn im Leben." Gott sei Dank überlebte sie mit ein paar Rippenbrüchen.

Ich denke an den Arbeitslosen, der schon seit drei Jahren frustriert zu Hause hockt und einen Bewerbungsbrief nach dem anderen schreibt – ohne Erfolg. Ich stelle mir vor, wie er sich fühlt: wertlos, von der Gesellschaft abgeschoben.

Ich denke an die zahlreichen alten Menschen in den Seniorenheimen. Wie sie in den Betten liegen. Hinter ihnen ein Leben mit Enttäuschungen, aber auch mit Erfüllung, vor ihnen das eigene Sterben. Und bis dahin der verzweifelte Versuch, noch ein bisschen zu leben.

Ich denke an die Deutschen, die ich vor drei Jahren in Bangalore, Indien, traf. Sie stehen für die vielen Sinnsucher, die mit hungrigen Seelen nach Indien reisen, weil sie die Nase voll haben vom Materialismus des Westens mit seinem kraftlosen Christentum.

Ich denke an Roman in meiner Kirchgemeinde, den eine furchtbare Spasmus-Erkrankung an den Rollstuhl fesselt, und zwar von Geburt an, also seit 60 Jahren.

Ich denke an die, die mit Wolf Biermann singen: „Soll das alles gewesen sein, das bisschen Sonntag und Kinderschrein?"

Ich denke an die, die ins Fragen kommen und der Bedeutung ihres Lebens nachgehen. Die sich nicht abspeisen lassen mit den oberflächlichen und hedonistischen Antworten, die man in jeder dummen Boulevardzeitung lesen kann.

Ich denke an die, die sich nicht einreden lassen wollen, dass diese metaphysische Sinn-Fragerei nur der feige Versuch sei, vor der Endlichkeit und Sinnlosigkeit unseres Seins zu fliehen und sich in eine religiöse Scheinwelt zu flüchten.

Ich denke an die, die sich von Herzen nach einem tragfähigen Lebenssinn sehnen und sich nicht vom Zeitgeist die Ohren vollblasen lassen, dass der mündige Mensch der Absurdität und Banalität des Daseins tapfer ins Angesicht schauen müsse.

Sinnfrage und Gottesfrage

In unserer Kultur wird die Frage nach dem Sinn des Lebens deshalb gern ausgegrenzt, weil diese Frage letzten Endes die Frage nach Gott ist. Das Allround-Genie Bertrand Russell, Mathematiker, Philosoph, Schriftsteller, Literatur-Nobelpreisträger, sagt: „Solange man nicht annimmt, dass es einen Gott gibt, bleibt die Frage nach dem Ziel des Lebens sinnlos." Dieser Satz ist umso verwunderlicher, als er aus der Feder eines bekennenden Atheisten stammt.

Wer die Geistesgeschichte studiert, der wird feststellen, dass es ohne die Existenz eines Schöpfergottes letztlich keine rational und emotional befriedigende Antwort auf die Frage nach dem Sinn des Lebens gibt. Das säkulare Weltbild ist einfach nicht rational. Die Vorstellung, dass ganz von selbst aus toter Materie Leben entsteht, aus Chaos Ordnung, aus dem Nichts ein die „Zauberflöte" komponierender Mozart, hat nichts von ihrer Absurdität eingebüßt. Selbst der Biochemiker Ernest Kahane schreibt: „Es ist absurd und absolut unsinnig zu glauben, dass eine lebendige Zelle von selbst entsteht; aber dennoch glaube ich es, denn ich kann es mir nicht anders vorstellen."

Noch pointierter bringt es der Dramatiker und Drehbuchautor („Shakespeare in Love") Tom Stoppard auf den Punkt: „Ich habe die Vorstellung, dass es Gott gibt, immer für absolut lächerlich gehalten, halte sie aber immer noch für plausibler als die alternative Behauptung, dass grüner Urschleim, wenn er genug Zeit hat, irgendwann Shakespeares Sonette schreiben kann."

Ohne Gott regiert nur das eiskalte Gesetz des Zufalls. Ohne Gott gibt es keine Antwort auf die Fragen, woher ich komme, wozu ich da bin und wohin ich gehe. Das Herz friert und die Seele dürstet. Da ist keine Liebe, die uns Menschen will, die uns begleitet und uns ein Ziel setzt. Ohne Gott gibt es keine sinnvolle Antwort auf die Frage nach dem Sinn des Lebens.

Fortpflanzung als Lebenssinn

Laut Glücksforschung nimmt das Zusammensein mit eigenen Kindern in der Hitparade der Glücklichmacher den Platz 1 ein (Platz 2: Zusammensein mit dem Partner). Nicht nur Leben weiterzugeben ist eine höchst lustvolle Angelegenheit. Wenn man zum ersten Mal sein Baby im Arm hält, ist das ein überwältigendes Gefühl. In keinem anderen Augenblick spürt man das Geheimnis des Lebens so intensiv. Das eigene

Kind zu behüten und es beim Aufwachsen und beim Kennenlernen der Welt zu begleiten, macht das Leben erst wirklich sinnvoll. Das wird kaum jemand ernsthaft bestreiten.

Aber besteht der Sinn des Lebens nur darin? Ich höre häufig den Satz: „Der Sinn meines Lebens sind meine Kinder." Wird hier nicht die Sinnfrage lediglich in die nächste Generation verlagert? Kann die gängige Antwort, dass der Sinn des Lebens in der Weitergabe von Leben besteht, wirklich Herz und Hirn befriedigen und beglücken? Wie kann die Weitergabe von etwas, dessen Sinn nicht geklärt ist, sinnvoll sein? Außerdem: Was ist mit der steigenden Zahl von Paaren, die sich sehnlichst ein Kind wünschen, aber aus medizinischen Gründen kein Kind bekommen können? Sind sie zur Sinnlosigkeit verurteilt?

Nur wer das Leben einseitig unter dem Gesichtspunkt der Evolution betrachtet, hält die Weitergabe seiner Gene für den Sinn des Lebens.

Genuss als Lebenssinn

Die andere populäre Ansicht, dass der Sinn des Lebens im Genuss besteht, ist noch öder. Was ist mit den Millionen von Menschen, denen echter Lebensgenuss versagt bleibt, weil sie entweder krank, behindert oder ausgebeutet sind? Ist deren Leben sinnlos?

Was ist mit dem alten Menschen, der im Altersheim liegt und nur noch sein Sterben vor sich hat? Ist sein Leben sinnlos?

Der Atheismus leistet keinen sinnvollen Beitrag zu den Themen „Leid" und „Tod". Es gibt Menschen, welche die Absurdität des Lebens ganz gut verdrängen oder philosophisch à la Jean-Paul Sartre veredeln. Und es gibt Menschen, die daran zerbrechen, wie die 14-jährige Laura, die sich aus dem Fenster stürzte, weil sie keinen Sinn im Leben sah.

Damit ich nicht falsch verstanden werde: Ich finde es ausgesprochen wichtig, dass Menschen das Leben genießen können. Miesepeter und Lebensmuffel sind mir unheimlich. Ich will sie nicht um mich haben. Aber genauso schwer fällt es mir, Menschen zu trauen, deren Lebensinhalt nur im Erstreben von Lustempfindungen und in der Befriedigung von Bedürfnissen besteht.

„Ohne dich kann ich nicht sein"

Kein Glück, das so häufig besungen wird wie das Liebesglück, von Ovid bis zu den „Beatles", von Goethe bis zu „Du bist das Beste, das mir je passiert ist" von „Silbermond". Selbst die finsteren Buben von „Rammstein" knarzen mit Grabesstimme: „Ohne dich kann ich nicht sein." Es gibt wohl kaum einen Zustand, in dem man intensiver die Sinnhaftigkeit des Lebens spürt als im Verliebtsein. Wer einen Menschen liebt, sitzt der Bestimmung des Lebens auf dem Schoß.

Die Frage bleibt dennoch, ob die Liebe zu einem Menschen der Sinn des Lebens ist. Was ist mit den Menschen, denen die Liebe versagt bleibt? Was ist mit denen, die den geliebten Menschen verloren haben? Ist ihr Leben sinnlos? Was ist mit den Einsamen, Sterbenden, Gefangenen? Es gibt eine tiefere Bestimmung als die Liebe eines Menschen. Das hat zwei Gründe.

Erstens: Kein Mensch kann die Sehnsucht unseres Herzens nach bestätigender Liebe stillen. Wir würden ihn mit unserer unersättlichen Gier nach Liebe, Annahme und Bestätigung völlig überfordern. Unser Verlangen würde den anderen missbrauchen als den großen Glücksbringer. Er müsste leisten, was nur Gott leisten kann, nämlich das große, umfassende Lebensglück für uns, seine Geschöpfe, zu sein.

Gott ist es, für den unser Herz geschaffen wurde, der unserem Leben über den Tod hinaus Sinn und Gelingen verleiht. Keine menschliche Zuneigung kann uns das Maß an Liebe schenken, für das wir geschaffen wurden. Viele Beziehungen zerbrechen, weil man einander überfordert. Enttäuschte Erwartungen sind ein Beziehungskiller erster Ordnung. Niemand hat so treffend unser Verlangen nach Gott beschrieben wie der Geistesgigant Augustinus: „Du hast uns zu dir hin geschaffen, und unruhig ist unser Herz, bis es ruht in dir."

Zweitens: Wenn ein Mensch unser großer und einziger Lebenssinn ist, dann wird das Leben sinnlos, wenn der geliebte Mensch stirbt oder wenn eine Beziehung zerbricht und man ohne die liebende Zuwendung des anderen leben muss. Ein tragfähiger Lebenssinn muss auch vor der Realität des Todes und des Scheiterns von Beziehungen bestehen können. Der Schmerz über den Verlust eines Menschen darf den Sinn des Lebens nicht ertränken.

Arbeit als Lebenssinn

In der biblischen Schöpfungsgeschichte gibt Gott dem Menschen die Erde als Garten, „dass er ihn bebaut und bewahrt". Arbeit ist ein von Gott gegebener Lebenssinn. Arbeit macht unser Leben sinnvoll. Das Gelingen von Leben hängt auch damit zusammen, dass wir für uns und andere sorgen und diese Welt mitgestalten.

Die Frage ist nur, ob Arbeit als einziger Lebenssinn wirklich tragfähig ist. Hängt der Sinn des Lebens davon ab, was ein Mensch Gutes und Sinnvolles *tut*? Was ist dann mit den Alten, Kranken, Behinderten? Verurteilen wir sie nicht zu einem sinnlosen Leben, wenn wir die Sinnhaftigkeit des Seins über die Leistung definieren?

Ein alter Witz über Deutsche und Franzosen nimmt unsere typisch deutsche Neigung, Arbeit als Lebenssinn zu überhöhen, aufs Korn: „Was ist der Unterschied zwischen Deutschen und Franzosen? Der Deutsche lebt, um zu arbeiten; der Franzose arbeitet, um zu leben." Ganz abgesehen davon, dass diese Geschichte heute so nicht mehr stimmt (wenn sie überhaupt jemals stimmte), macht sie dennoch augenzwinkernd deutlich, dass Arbeit an sich kein Lebenssinn ist, der uns guttut.

Es war ein Italiener, kein Deutscher, der folgende Pseudoweisheit von sich gab: „Der Wert eines Menschen wird bestimmt durch den Nutzen, den er seinen Mitmenschen bringt." Dieser auf den ersten Blick ganz vernünftig klingende Satz des Freiheitskämpfers Guiseppe Garibaldi (er war nicht der Erfinder des Schnellkochtopfes!) ist falsch und unbarmherzig. Wer den Menschen über seine Leistung definiert, degradiert ihn zu einer Maschine. Sie wurde konstruiert, um etwas Nützliches zu tun. Wenn sie nicht mehr funktioniert und auch nicht repariert werden kann, wird sie verschrottet.

Wenn der Sinn des Lebens im Erbringen von Leistungen besteht, dann werden wir irgendwann zu Sozialschrott. Der Sinn des Lebens kann nicht in dem bestehen, was ein Mensch an Nützlichem und Gutem erbringt. Ich bin für Leistung. Unsere Gesellschaft braucht Menschen, die etwas leisten. Aber wehe uns, wenn wir uns über die Leistung definieren! Die Wissenschaftler, die sich mit dem Alter beschäftigen, konstatieren eine erschreckende Zunahme von Seniorenselbstmorden in unserem Land. Wie geht es einem alten Menschen, wenn er plötzlich nicht mehr ohne fremde Hilfe auskommt, wenn er nichts mehr leisten kann, sondern zu einer Belastung für andere geworden ist? Wenn er den Sinn des Lebens davon ableitet, etwas Nützliches und Gutes zu schaffen, dann fällt der Mensch im Alter in das furchtbare Loch der Sinnlosigkeit.

Humanismus als Sinn-Motor

Wenn der abendländische Humanismus der Sinn-Motor in unserer Gesellschaft ist, dann ist das Christentum der Kraftstoff. Gläubige und Ungläubige preisen den abendländischen Humanismus. Aber der ist ohne seine christlichen Wurzeln, ohne den barmherzigen Samariter als Modell für Nächstenliebe, ohne die Zehn Gebote, ohne die Bergpredigt überhaupt nicht denkbar. Trennt man ihn von seinen Wurzeln, verliert er seine Lebendigkeit und seine Kraft. Beraubt man ihn seiner transzendenten Quellen, verkommt er zum Utilitarismus, zum bloßen Nützlichkeitsdenken, und zum Hedonismus, der Genuss zum obersten Prinzip erhebt. Das Tun des Guten hat keinen dem Menschen vorgegebenen Sinn mehr. Es ist nicht mehr gut, weil es Teil eines Sinnkosmos ist. Es ist nur noch gut, weil es dem Menschen irgendwie nützlich ist und Genuss verschafft.

Der Philosoph Max Horkheimer fragte spitz: „Warum soll ich gut sein, wenn es keinen Gott gibt?" Das Ende von „good life" ist meistens auch das Ende von „good will". Dann existiert keine Richtschnur mehr für Gut und Böse. In grauenvoller Einsamkeit gibt sich der Mensch sein eigenes Gesetz.

Das war das Lebensthema des genialen atheistischen Vordenkers Friedrich Nietzsche: Gibt es keinen Gott, dann gibt es letztlich keine Moral. Der Mensch vergötzt sich selbst. Was ihn zur Macht und zum Genuss treibt, ist der durch kein Sittengesetz mehr domestizierte Wille.

Diese Selbstvergötzung des Menschen hat in der Geschichte dort, wo Gott abgeschafft wurde und ein totalitärer Staat die uneingeschränkte Macht über das Leben und Denken der Menschen beanspruchte, schreckliche Konsequenzen nach sich gezogen: die Vergötzung von Rasse, Blut, Boden und Nation durch die Nationalsozialisten, der neue sozialistische Mensch eines Mao, Lenin, Stalin und Polpot. Millionen von Menschen mussten sterben, weil der Mensch Gott absetzte und eine Ideologie inthronisierte, die den Menschen ohne seinen transzendenten Bezug definierte.

Den Vätern des Grundgesetzes war der Bezug auf Gott in der Präambel von größter Wichtigkeit: „Im Bewusstsein seiner Verantwortung vor Gott und den

Menschen." Die Erwähnung Gottes ist keine religiöse Dekoration, sondern Gott ist der Garant der unantastbaren Würde des Menschen. Wir haben in unserer Geschichte schmerzlich erfahren, dass die Würde des Menschen fürchterlich antastbar wird, wenn der Mensch seine Würde durch Rasse und Nation definiert. Es gibt keine radikalere Begründung für die Gleichheit jedes Menschen als der christlich-jüdische Gedanke der Geschöpflichkeit und Gottesebenbildlichkeit des Menschen. Wenn der Mensch Gott abschafft, dann besteht die Gefahr, dass der Mensch auch den Menschen abschafft. Wenn wir die Würde und den Wert des Menschen abhängig machen von Rasse, Nation, Herkunft, Einstellung oder Nützlichkeit für das Gemeinwohl oder die neue kommunistische Gesellschaft, dann öffnet man die Tore weit dafür, dass ganzen Gruppen von Menschen oder gar Völkern das Recht zum Leben abgesprochen wird. Die Nazis sprachen von „lebensunwertem" Leben. Ein Begriff, der Gott ins Angesicht schlägt.

Es rächt sich fürchterlich, wenn wir die Existenz des Menschen von einem Schöpfergott abschneiden. Der Mensch wird beliebig manipulierbar, weil er jeden Maßstab für Gut und Böse verloren hat. Der Nationalsozialismus mit seinem kruden Sozialdarwinismus, in dem der Starke den Schwachen frisst, der Kommunismus mit seiner Klassenfeindtheorie, in der die Gegner der neuen Gesellschaftsordnung liquidiert werden – sie haben eins gemeinsam: Der Mensch ist kein Geschöpf Gottes mehr. Es ist leichter, Zufallsprodukte einer mechanistischen Evolution umzubringen als von Gott geliebte Geschöpfe. Man muss schon einen gründlich verstellten Zugang zur Wirklichkeit haben, wenn man übersieht, dass die Beseitigung Gottes in Verbindung mit der Errichtung einer Diktatur mehr Elend und Leid über diese Welt gebracht hat als alle Religionen zusammen.

Ich kenne viele Atheisten, die dem Leben eine Menge Sinn abtrotzen. Einige sind meine Freunde. Bei aller Sympathie für sie und allem Respekt vor ihrer Weltanschauung halte ich den Atheismus für keine gute Nachricht. Mir graut es vor dem autonomen Menschen, der sich selbst und den Abgründen, die sich in jedem auftun, ausgeliefert ist. Wenn ich diese Bedenken mit meinen atheistischen Freunden teile, geben sie mir recht. Sie sagen: „Eigentlich macht uns eine Welt ohne Gott, die steuerlos auf eine ungewisse Zukunft zurast, Angst. Es wäre schön, wenn du mit deinem Gott und deinem Glauben recht hättest. Es wäre schön, wenn es einen Gott gäbe, der alles in der Hand hält und durch den ganz am Ende eben doch alles gut wird." Und dann bedauern sie, dass sie leider nicht glauben können.

Ein unmoralisches Weltbild

Das säkulare Weltbild ist unmoralisch. Wenn es keinen Gott gibt, dann sind am Ende die Guten die Dummen und die Bösen die Schlauen. Dann würde am Ende das Böse triumphieren. Niemand würde zur Rechenschaft gezogen für die Schweinereien, mit denen das Leben unzähliger Menschen zerstört und unser Planet verunreinigt wurde. Massenmörder wie Mao, Stalin, Idi Amin und Polpot sind friedlich im Bett gestorben. Ihre Millionen von Opfern haben sich zu Tode geschuftet, sind verhungert, sind erschossen, erhängt und mit Spaten erschlagen worden. Und das war's. Keine letzte Gerechtigkeit. Keine Rehabilitierung der Opfer. Kein Schuldspruch, keine Verurteilung für die Verbrecher.

Und Hitler, Himmler und Göring – sie waren schlau, als sie sich durch feigen Selbstmord der Verantwortung für ihre Verbrechen entzogen. Schade. Haben sich aus dem Staub gemacht. Kann man nichts machen. Kein ewiger Richter, der sie mit den Untaten ihres Lebens konfrontiert und sie für das richtet, was sie angerichtet haben. Keine letzte Rechenschaft, die der Mensch für sein Leben vor einem Gott ablegen muss. Kein Gericht für die, die gotteslästerlich mit „Allahu akbar" auf den Lippen in Hochhäuser fliegen und Tausende von Unschuldigen mit in den Tod reißen. Die Todes- und Verderbensbringer der Geschichte, die

Ausbeuter und Herrscher dieser Welt, sie würden am Ende recht behalten. Keine Gerechtigkeit, die am Ende als Sieger dasteht. Das Unrecht dieser Welt würde vergebens zum Himmel schreien, denn kein Gott würde es hören und richten. Das Böse stünde am Ende als Sieger da. Menschen wie Sophie Scholl oder Dietrich Bonhoeffer, die für das Gute gestorben sind, wären die großen Dummköpfe und Verlierer der Geschichte. Eine Welt ohne Gott ist die ins Unendliche verlängerte Ungerechtigkeit.

Der Tod als allesfressender Sinnkiller

Der Philosoph Michel Onfray antwortete in einem Interview auf die Frage nach dem Woher und Wohin menschlichen Lebens: „Vom Urknall über die Evolution bis heute wirkte eine Art Mechanik materialistischer Kausalität. Und wohin gehen wir? In Richtung unseres Verschwindens. Die ‚Kritik der reinen Vernunft', Beethovens Fünfte – nichts wird bleiben."

Nicht hoffnungsvoller, aber dafür kürzer hört sich Bertold Brecht an: „Ihr sterbt mit allen Tieren und es kommt nichts nachher."

Das säkulare Weltbild macht den Menschen zu einem Wanderer ohne Ziel. Sein Leben ist eine Reise ohne Ankunft. Wie Kinder, die den Weg nach Hause nicht wissen. Wenn wir kein großes Ziel haben, dann sind wir Raser auf der Schnellstraße zur Sinnlosigkeit, auf dem „Highway to Hell". Dann müssen wir eines Tages, wenn wir nur noch den Tod vor Augen haben, in ein dunkles, unheimliches Nichts blicken. Der Philosoph Martin Heidegger schrieb am Ende seines Lebens: „Nur Gott kann uns noch retten. Wenn Gott als der übersinnliche Grund und das Ziel aller Wirklichkeit tot ist, dann bleibt nichts mehr, woran der Mensch sich halten und wonach er sich richten kann. Der Nihilismus, der unheimlichste aller Gäste, steht vor der Tür."

Wir verkennen die Tiefendimension menschlichen Lebens und verengen den Blick auf seine physische Existenz, wenn wir die Gesamtheit menschlicher Existenz aus dem Blick verlieren und sie nur noch als irdische wahrnehmen. Wir verlieren uns in einer dumpfen Diesseitigkeit. Unsere Wesensbestimmung kommt eben nicht in diesem Leben zur letztgültigen Bestimmung. Das ist eine fundamentale Erkenntnis der menschlichen Geistesentwicklung: Der Mensch findet das Ziel und die Erfüllung seines Daseins eben nicht nur in diesem Leben. In allen menschlichen Kulturen finden wir diesen Gedanken. Nur der Materialismus der Moderne reduziert den Menschen und seine Bestimmung auf seine irdische Existenz. „Was hat ein letztlich zielloses Leben für einen Sinn?", so fragen viele Menschen. Und was bedeutet diese schreckliche Endgültigkeit für unser Lebensgefühl? Müssen wir dann nicht alles aus dem bisschen Leben herausholen? Versuchen wir dann nicht, alles mitzunehmen, was sich uns bietet, und ordnen unsere Moral dem Ziel des Lebensgenusses unter? Ist dann nicht eine unersättliche Lebensgier mit schrecklichen Folgen unser ständiger Begleiter?

Obgleich das Diesseitigkeits-Mantra „Es gibt nur dieses Leben" in aller Munde ist, wird die Frage nach dem ewigen Leben drängend, wenn es um den Sinn unserer Existenz geht. Nur wenn es ein ewiges Leben gibt, nur wenn unser Leben über den Tod hinaus zu einer endgültigen Bestimmung findet, ist die Sinnfrage überhaupt sinnvoll.

„Nur in die Welt gepresst zu werden,
um am Ende zu sterben?"

Ich habe viel mit jungen Menschen zu tun. Die meisten von ihnen treiben die Fragen um: „Wofür lebe ich eigentlich?" und: „Was ist der Sinn meines Daseins?" Sie träumen von einem erfüllten Leben und sind geradezu besessen von der Frage, was dieses Projekt „Leben", in das sie hineingeraten sind, wohl soll.

Leo studiert seit einem halben Jahr Medizin. Eine Freundin lädt ihn zu einer WG-Einweihung ein. In der großen Wohnküche wird gegessen, getrunken, geredet. Leo kommt mit Tina ins Gespräch. Sie reden über

Gott und die Welt. Tina erzählt, was ihr der Glaube an Gott bedeutet. Leo ist überrascht. Eine junge, hübsche Frau, die von Gott schwärmt. Er ist interessiert.

Religion war nie ein Thema. Zu Hause nicht, auch nicht in der ostdeutschen Kleinstadt, in der er aufwuchs. Seine Mutter, eine Ärztin, vertritt eine „wissenschaftliche" Sicht, in der kein Platz für einen Gott ist. Leo ist kein wirklich überzeugter Atheist. Heimlich hat er schon mal gebetet, als er seinen Schlüssel durch eine dumme Aktion verloren hatte. Wie durch ein Wunder fand er ihn damals wieder. Er war noch ein Kind. Als Abiturient drängte sich ihm erstmals eine beunruhigende Frage auf: „Wozu lebe ich?" Leo hatte einen Lieblingsspruch, mit dem er seine Mutter schockierte: „Nur in die Welt gepresst zu werden, um am Ende zu sterben – wo ist da der Sinn?" Ab und zu redete er zu Hause über Selbstmord. Nicht, dass er ernsthaft daran gedacht hätte, sein Leben zu beenden, er empfand lediglich eine gewisse Erleichterung bei dem Gedanken, dass man ja aussteigen könne, wenn es einem gar nicht mehr passt. Und es bereitete ihm auch irgendwie Vergnügen, seine Mutter damit aufzuscheuchen. Sie geriet in tiefe Sorge ob der finsteren Sprüche ihres Sohnes.

Der machte sich weiter seine Gedanken. Kein Religionsunterricht, kein Lehrer, kein Freund half ihm dabei. Ganz allein schlug er sich mit der Frage nach einem Lebenssinn herum. Ein Gedanke ließ ihn nicht los: „Irgendjemand muss doch die Leute bestrafen, die Unrecht tun und Verbrechen begehen." Das wurde ein wichtiger Satz in seinem Leben. Einen anderen faszinierenden Gedanken entdeckte er durch den Film „Königreich der Himmel": dass der Mensch gewollt ist und dass er eine überirdische Aufgabe bekommt.

Doch zurück zur WG-Party und zu Tina.

Endlich mal jemand, mit dem ich über wirklich wichtige Dinge reden kann, denkt Leo. Und nicht nur das. Er würde ihr auch sonst gern näherkommen, dieser attraktiven Blondine. Sie lädt ihn zum Gottesdienst in ihre Gemeinde ein, die Junge Kirche Berlin. Leo kommt. Die Predigten sprechen ihn an. Er bekommt Antworten auf viele Fragen. Ihm gefällt die Musik. Dass man Gott, wenn es ihn gibt und wenn man an ihn glaubt, anbeten muss, erscheint ihm logisch. Und dass junge Menschen Gott mit lauter, grooviger Musik und inbrünstigem Gesang loben, ist völlig normal. Leo geht jeden Sonntag in die Gemeinde. Er beginnt zu beten. Jeden Morgen bittet er: „Herr, ich will dich kennenlernen." Dass er eigentlich in die Gemeinde kam, um Tina kennenzulernen, tritt immer mehr in den Hintergrund.

Wann Leo gläubig wird, kann er nicht mehr sagen. Es ist ein längerer Prozess. Irgendwann lässt er sich taufen. Das gehört jetzt dazu. Er spürt, der Glaube tut ihm gut. Dahinter steckt mehr als ein mutmachender Gedanke. Der Glaube ist eine Lebensbeziehung zu einer liebenden Macht. Leo beginnt, sich in der Kirche zu engagieren. Und er weiß, wozu er Arzt werden will. Er spürt eine Berufung zu helfen. Diese Berufung ist nicht nur von dieser Welt. Gott möchte ihn gebrauchen, um für Menschen ein Segen zu werden.

Wenn man Leo fragt, warum er Christ wurde, nennt er verschmitzt zwei Gründe: „Ich wollte eine Frau kennenlernen und ich wollte endlich den Sinn des Lebens finden. Die Leere und die Sinnlosigkeit des Lebens haben mich fertiggemacht. Vermutlich wäre ich eines Tages depressiv geworden und wirklich selbstmordgefährdet gewesen, wenn ich nicht zu Gott gefunden hätte. Sich mit diesem Leben, mit Leid, Krankheit und Tod herumzuschlagen ohne den Glauben an Gott und an eine tiefe Sinnhaftigkeit des Lebens, das hält doch kein vernünftig denkender Mensch auf Dauer aus."

Sinn suchen, Gott entdecken

Solange die Welt genug ist, kommen wir bei den Fragen „Wofür lebe ich eigentlich?" und „Was ist der Sinn meines Lebens?" nicht wirklich voran. Wir spüren in uns eine tiefe Sehnsucht nach einem erfüllten und sinnvollen Dasein und beginnen zu ahnen, dass ohne einen transzendenten Bezugspunkt kein wirklicher Lebenssinn zu haben ist. Die Welt ist vielleicht genug, wenn man den Sinn des Lebens in Fortpflanzung, Genuss, Partnerschaft, Sexualität, Arbeit und im Tun des Guten und Richtigen sucht. Die Welt ist aber nicht genug, wenn wir den wahren Lebenssinn suchen:

- der uns eine einzigartige Würde gibt.
- der unser Leben sinnvoll macht bis zum letzten Atemzug.
- der uns mit Herz und Hirn begreifen lässt, dass wir eingebettet sind in einen großartigen Mega-Sinn-Kosmos.
- der uns mit einer lebendigen Hoffnung erfüllt über alle Grenzen hinaus, auch über die des Todes.

Für diesen Lebenssinn sind wir geschaffen. Dieser Lebenssinn hat einen Namen: Gott. Hier bekommen die drei fundamentalen Fragen des Menschseins – Woher? Wohin? Wofür? – eine Antwort. Unsere Ursehnsüchte werden gestillt, wenn Gottes Wirklichkeit unser Leben, unser Herz und unseren Verstand berührt.

Erstens: gewollt und geliebt

Der Glaube erkennt und erlebt: Ich bin ein von meinem Schöpfer gewollter und geliebter Mensch. Die Liebe Gottes, die uns in Jesus Christus begegnet, ist ein Minderwertigkeitskiller erster Güte. Der Gott, den uns

Jesus vor Augen malt, steht in absolutem Gegensatz zu dem Gottesbild, das meine areligiösen und meine christentumsgeschädigten Freunde (die übrigens fast immer aus den alten Bundesländern stammen) haben. Sie erzählen mir von einem ewig schlecht gelaunten Gott, einem Lebensverneiner und Miesmacher, dem man lieber aus dem Weg geht. Und sie schildern mir eine Kirche, in der kein Leben pulsiert, die keine Warmherzigkeit ausstrahlt. Statt dynamischem Glauben und frohmachender Hoffnung begegnen ihnen unverständliche Rituale, ödes Pfarrergerede, gelangweilte Christen. Das schockiert mich wirklich. Denn seit 2.000 Jahren wird Gott von unzähligen Menschen erlebt als zärtliche und dennoch souveräne Macht der Liebe, die uns nicht fertigmacht oder ablehnt, sondern uns vergibt, uns annimmt, uns tröstet und uns durch den Heiligen Geist bestätigende Liebe spüren lässt – das Beste, was diesen Menschen je passiert ist.

Zweitens: immer eine Aufgabe

Der Glaube erkennt und erlebt: Ich bin berufen, Gott zu kennen und zu lieben. Und das ist nicht nur ein ewiges Vorrecht. Es ist zugleich eine zeitliche und ewige Aufgabe, die unser Leben für jetzt und alle Zeit sinnvoll macht. Das kann konkret bedeuten, einen ordentlichen Schulabschluss hinzulegen, seine Ehehälfte als

Aufgabe von Gott anzunehmen, für Waisenkinder in Afrika zu spenden, sich um eine Arbeitsstelle zu bemühen, Menschen in Not zu unterstützen, seinen Kollegen ein Bier zu spendieren, für seine Kinder zu beten, in seinem Verein ehrenamtlich die Klos zu putzen, eine Demo zu organisieren, sich für sozial Schwache einzusetzen, sich in einer Partei zu engagieren. Alles normale Aufgaben. Der Unterschied: Man tut sie im Auftrag, im Namen und in der Kraft Gottes.

Und wenn vielleicht der Tag kommt, an dem wir alt und krank, einsam und vergessen sind, dann offenbart sich die letzte große Sinnhaftigkeit eines Lebens mit Gott, wenn wir für andere Menschen beten können. Oder wenn die letzte Aufgabe uns erfüllt, die es noch geben kann: einfach für Gott da zu sein, weil er uns sieht.

Die Geschichte vom Gott preisenden Bettler

Vor einigen Wochen nahm ich an Exerzitien teil. Das ist so eine Art Einkehrwochenende, um Gott näher zu kommen, zu beichten und den Herrn anzubeten. Geleitet wurden die Tage von Pater Matthew, einem indischen Vinzentiner, der trotz seines jungen Alters bereits ein bekannter Exerzitienmeister ist. Er erzählte in einer Bibelauslegung eine Geschichte aus seinem Leben, die mich tief berührte: Bevor in Indien ein Vinzentiner sein ewiges Gelübde ablegt (Gehorsam, Armut und Keuschheit), um Mönch zu werden, muss er zehn Tage lang bei den Ärmsten der Armen leben, bei den Bettlern und Sterbenden. Er darf für diese Zeit nichts mitnehmen, weder Geld noch Nahrung, noch zusätzliche Kleidung. Er muss ausschließlich von dem leben, was barmherzige Menschen ihm geben. Nachts muss er bei den Bettlern schlafen.

Auch Pater Matthew wurde von seinem Ordensobersten ausgesandt, um zehn Tage bei den Armen und Elenden auf Indiens Straßen zu leben. Eines Nachts lag er schlafend neben einem alten Mann. Ein Geräusch weckte Pater Matthew. Er sah, wie der Bettler mitten in der Nacht auf der Straße kniete, sich bekreuzigte und mit erhobenen Händen betete.

Er fragte ihn: „Bruder, was betest du?"

„Ich preise Gott", sagte der alte Mann.

„Du bist ein armer Bettler. Wofür preist du Gott?"

Da antwortete der Alte: „Weil Gott mich sieht."

Drittens: das große Ziel

Der Glaube erkennt und erlebt, dass wir nicht nur funktionierende Materie sind, sondern zur Ewigkeit mit Gott bestimmte Sinn-Wesen. Da kann man reden, wie man will, das Nichts verharmlosen oder beschönigen. Fakt ist: Wir sehnen uns nach Leben ohne Verfallsdatum. Wohin gehen wir? Das ist die Frage, die wir stellen, Gläubige und Ungläubige. Sie findet ihre Antwort in Jesus Christus. Weil Jesus die Tür zum Leben ist, ist der Tod keine Falltür ins Nichts. Wir erwachen zu einem neuen Leben und unser Leben findet seine ewige und endgültige Erfüllung in Gottes geschauter Gegenwart.

Eine Atheistin wird Nonne

Was für eine Geschichte! Aus einer jüdischen Philosophin wird eine Nonne und aus einer streitbaren Atheistin eine Märtyrerin und später eine Heilige und Schutzpatronin Europas. Sie lebt in der ersten Hälfte des vorigen Jahrhunderts und wird 1942 wegen ihrer jüdischen Abstammung im KZ umgebracht.

Mit 15 Jahren beschließt Edith Stein, Atheistin zu werden. Mit dem jüdischen Glauben ihrer Kindheit kann sie nichts mehr anfangen. Die alten Geschichten um den Gott Abrahams, Isaaks und Jakobs genügen ihren intellektuellen Ambitionen nicht mehr. Sie ist eine ausgeschlafene junge Frau und eine leidenschaftliche Wahrheitssucherin. Nach dem Abitur stürzt sie sich mit Enthusiasmus auf das Studium von Psychologie und Philosophie. Bei dem damals angesagtesten Philosophen Europas, Edmund Husserl, schult sie ihr Denken. Sie promoviert mit Auszeichnung bei ihm und strebt eine akademische Laufbahn an. Äußerlich erfolgreich und in dem Ruf stehend, eine exzellente Philosophin zu sein, ist sie innerlich voller Fragen und Zweifel. Husserls Phänomenologie, die den Dingen der Welt auf den Grund zu gehen sucht, befriedigt ihre Suche nach Wahrheit und nach einem Lebenssinn nicht. Sie hat das Gefühl, Steine statt Brot zu bekommen.

Zwei einschneidende Erlebnisse verändern alles.

Am Ende des Ersten Weltkrieges fällt ein von Edith Stein geschätzter und bewunderter Kollege. Sie war mit ihm und besonders mit seiner Frau befreundet. Sie weiß, wie glücklich die Ehe des Paares war, und hat große Angst vor einer Begegnung mit der Witwe. Edith Stein bekommt den Auftrag, den akademischen Nachlass ihres Kollegen zu ordnen. Sie muss zu seiner Witwe gehen. Als sich die Wohnungstür öffnet, steht ihr keine gebrochene Frau gegenüber, sondern eine gefasste Gläubige. Mit ruhigen Worten spricht sie darüber, wie sie ihr Leid im Glauben annehme und wie die Gewissheit, dass ihr Mann nun bei Gott sei, sie aufrichte. Der Glaube der jungen Witwe tröstet die verstörte Edith Stein.

Dieses Erlebnis gräbt so tiefe Spuren in ihre Seele, dass sie noch über 20 Jahre später in einem Brief schreibt: „Das war meine erste Begegnung mit dem Kreuz und mit der Kraft Gottes, die er seinen Trägern schenkt. Ich sah zum ersten Mal die aus dem Erlöserleiden geborene Kirche in ihrem Sieg über den Stachel des Todes handgreiflich vor mir. Es war der Augenblick, in dem mein Unglaube zusammenbrach, der jüdische Glaube verblasste und Christus aufstrahlte, Christus im Geheimnis des Kreuzes."[17]

Als Edith Stein 1921 für einige Zeit bei Freunden auf einem Landgut zu Besuch ist, bricht sie endgültig zu ihrer Bestimmung und zur tiefsten Wahrheit des Lebens durch. Eines Abends – die Freunde sind fort zu irgendeinem Termin – greift sie in der Bibliothek des Hauses rein zufällig nach der Autobiografie der Teresa von Avila. Sie beginnt zu lesen. Das Buch lässt sie nicht mehr los. Sie liest und liest und das Licht strahlt immer heller in ihr auf. Wonach sie wahrhaftig suchte und verlangte, findet sie in der Schrift der großen Heiligen. Als sie das Buch am nächsten Morgen schließt, weiß sie, dass sie sich taufen lassen und den Weg des Glaubens in eindeutiger Entschiedenheit gehen wird.

Edith Stein ist kein Teenager, der nach der Lektüre eines James-Bond-Romans Agent werden will. Sie ist keine labile Frau, die in ihrer existenziellen Frustration den erstbesten Sinn ergreift, der ihr gerade plausibel erscheint. Sie ist eine emanzipierte, selbstbewusste Frau und eine angesehene Philosophin, die mit ihrem messerscharfen Verstand das Instrument kühlen analytischen Denkens virtuos beherrscht. Die Autobiografie der Teresa von Avila ist kein magisch-mystisches Dokument der katholischen Kirche, sondern ein lesenswertes, wenn auch schwer verständliches Glaubenszeugnis einer begabten Frau, die eine Menge bewegte und viel mit Gott erlebte. Teresas Biografie wird zu einer Begegnung mit der Wahrheit Gottes. Sie leuchtet in Edith Steins Leben hinein, als sie sich dem Buch aussetzt.

Man kann das, was ihr in jener Nacht widerfuhr, die alles veränderte, nicht logisch erklären. Manfred Lütz versucht, das Geheimnis jener Nacht im Gutshaus so zu fassen: „Gehen wir davon aus, dass die Antwort auf alle Fragen der menschlichen Person nicht ein Satz ist, eine Lebensweisheit oder ein Wortschwall, sondern wiederum eine Person, der personale Gott, dann ist dieser Weg der Edith Stein nicht verwunderlich."[18]

Kapitel 6

▶▶ Eine Frage des Weltbildes

Dass nicht sein kann, was nicht sein darf

Es richtet sich nach unserem Verständnis von Wirklichkeit, wie wir spirituelle Erfahrung interpretieren, wie wir das Zeugnis eines Freundes über die erlebte Hilfe Gottes bewerten, in welchem Rahmen wir die Frage nach dem Sinn des Lebens bewegen. Menschen mit einem rein materiellen Weltbild interpretieren diese Erlebnisse ihrem Wirklichkeitsverständnis gemäß. Selbst überwältigende Erfahrungen mit dem Übernatürlichen, wie zum Beispiel Spontanheilungen durch Gebet und andere geistliche Kraftwirkungen, werden in die materielle Weltsicht eingebaut. „Es kann nicht wahr sein. So etwas gibt es nicht", schlussfolgern sie zielrichtig gemäß dem Dichterspruch: „So folgerte er messerscharf, dass nicht sein kann, was nicht sein darf."

Letztlich verhindert der Glaube an diese Weltsicht, dass man ernsthaft über Gott und alles Geistliche nachdenkt. Die Möglichkeit, dass es da etwas Göttliches, Transzendentes geben könnte, scheidet von vorneherein aus.

Ein Geschenk des Himmels?

Als ich noch Pfarrer in Sonneberg war, habe ich etwas erlebt, das die Deutungshoheit unseres Weltbildes veranschaulicht.

Margarete, eine junge Frau mit einer süßen Tochter, ist in unserer Kirchgemeinde Christin geworden. Der gefundene Glaube hilft ihr, eine traumatische Verlusterfahrung aufzuarbeiten. Begeistert erzählt sie ihrem Mann Stefan, einem bekennenden Atheisten, was sie mit Gott erlebt.

Zuerst ist Stefan geschockt und beunruhigt. Seine Sorge legt sich mit der Zeit, als er bei verschiedenen Gelegenheiten Christen aus Margaretes Gemeinde kennenlernt. Margarete und Stefan freunden sich mit Paaren aus der Kirche an. Sie gehen ab und zu zusammen aus oder treffen sich zu einem Spiele- oder Videoabend. Stefan hört von seinen neuen Freunden viele Geschichten darüber, was der Glaube ihnen bedeutet. Hin und wieder lässt Stefan sich zu Gottesdiensten und anderen christlichen Veranstaltungen einladen.

Stefan und Margarete haben ein Problem. Das Geld, das ihnen zur Verfügung steht, reicht hinten und vorne nicht. Stefans Job wird schlecht bezahlt und Margarete arbeitet wegen der kleinen Tochter nur einige Stunden in der Woche.

Jedes Jahr im August ist „Vogelschießen" in Sonneberg. So heißt das verlängerte Volksfestwochenende mit Bierzelt, Blasmusik, Karussell, Bratwurstbuden und Gespensterbahn. Höhepunkt ist der Abend, an dem im Bierzelt ein VW-Polo verlost wird. Halb Sonneberg kauft sich Lose. Jeder hofft, vielleicht die richtige Nummer gezogen zu haben. Auch viele Leute aus der Kirche sind im Zelt und fiebern bei der Auslosung mit. In ihren Händen die erworbenen Lose.

Mitten unter ihnen steht Stefan. Auch er hat sich ein Los gekauft. Halblaut proklamiert er feierlich: „Wenn *ich* den Polo gewinne, dann glaube ich an Gott!" Es kommt zur Bekanntgabe der Gewinnnummer. Gespannte Stille liegt über dem Festzelt. Ich spüre, wie alle Christen, die aus unserer Gemeinde heute Abend hier sind, leise ein Gebet sprechen: „Lieber Gott, lass Stefan den Polo gewinnen." Auch ich drücke heftig für Stefan die Daumen in meiner Tasche und flüstere: „Gott, tu's für ihn!"

Dann wird die Gewinnernummer gerufen. Jeder zückt sein Los und vergleicht die Nummer. Enttäuschung liegt in der Luft. Da ruft einer: „Es ist meine Nummer! Hier, ich hab die Nummer!" Es ist Stefan. Er drängelt sich mit dem Los winkend durch die Menge nach vorn auf die Festzeltbühne. Wir Christen jubeln und tanzen vor Freude, während die Leute um uns mit ratlosen Blicken unser Glück beobachten.

Wie könnte die Geschichte jetzt weitergehen? Stefan könnte sich, nachdem er den sichtbaren Beweis für Gottes Güte und Wirklichkeit (in diesem Fall ein waldgrüner Polo) nach Hause kutschiert hat, aufmachen, um diesen Gott zu suchen und zu finden.

Doch wie geht die Geschichte in Wahrheit weiter? Stefan bricht den Kontakt zur Gemeinde und zu Christen ab. Er schämt sich wohl, weil er sein Versprechen nicht hält – oder nicht halten kann. Sein materielles Weltbild ist zu stark in seinem Denken verwurzelt: „Gott gibt es nicht. Gott kann es nicht geben. Es war ein Zufall. Sonst nichts."

Alles eine Frage der Perspektive

Georg Büchner schrieb vor 180 Jahren: „Warum leide ich? Das ist der Fels des Atheismus." Die Existenz menschlichen Leids ist ein schwergewichtiger Einwand gegen die Existenz eines guten Gottes. Der Satz „Wegen des unermesslichen Leids in der Welt kann es keinen Gott geben" lässt sich aber auch umkehren: „Nur wenn es einen Gott gibt, kann man das Leid der Welt überhaupt ertragen."

Viele Menschen haben erfahren, dass der Glaube an Gott dabei hilft, Leid zu ertragen und zu überwinden. Heute ist nicht die Leidfrage der Fels des Atheismus, sondern die Weltbildfrage. Die Sicht, die wir von der Weltwirklichkeit in uns tragen, ist wie eine Schere, die wir an die Wirklichkeit anlegen, wie ein Raster, mit dem wir die uns begegnenden Fakten interpretieren, ordnen oder diese als irrelevant und irreal entfernen. Unser Weltbild gibt uns die Vorgaben, mit denen wir sämtliche Erfahrungen daraufhin beurteilen, welcher Wert und welche Bedeutung ihnen für unser Leben zukommen.

Der Hirnforscher und Nobelpreisträger Peter Medawar schreibt: „Die Idee der naiven oder unschuldigen Beobachtung ist ein Mythos. Bei allen Sinneseindrücken separieren wir und wählen wir aus, wir interpretieren, suchen und zwingen Ordnung auf, erfinden und testen Hypothesen über das, was wir beobachten."[19]

Unser Weltbild besitzt also absolute Priorität für die Deutung der Wirklichkeit. Nach ihm richtet sich, wie wir das, was wir erleben, beurteilen.

Materielles und spirituelles Weltbild

Areligiöse haben ein materielles Weltbild, das jede geistig-spirituelle Wirklichkeit verneint. Dieses Weltbild ist in sich stimmig und die Ablehnung von Religion folgerichtig. Gemäß diesem Weltbild gibt es unabhängig von der Materie kein Bewusstsein, keine geistigen Wesenheiten und keine spirituelle Realität. Alle Funktionen des Geistigen sind Produkte des Gehirns. Beim Tod eines Menschen versinkt das Bewusstsein im Nichts.

Diese Auffassung ist ungefähr 200 Jahre alt. Eine Revolution des Wirklichkeitsverständnisses begann nämlich im 19. Jahrhundert mit dem Aufkommen der empirischen Erforschung der Welt. Damals wurde das Denken in neue Bahnen gelenkt. Das Problem der Wirklichkeit schien ein für alle Mal gelöst: Wirklich ist das, was beweisbar, was prinzipiell auch reproduzierbar und was nützlich ist.

Fast täglich wurden neue bahnbrechende Erfindungen gemacht. Der Glaube an den Fortschritt und an die Beherrschbarkeit der Welt wurde zu einer Art Volksreligion. An die Stelle des alten christlichen Glaubens trat ein naturwissenschaftlicher Atheismus, der durch die Schriften des Biologen Ernst Heckel in allen Volksschichten Verbreitung fand.

Der Mensch begann, sich neu zu definieren von dem her, was wissenschaftlich erkennbar und verifizierbar ist. Der religiöse Glaube an eine unsterbliche, unabhängig von der Materie existierende Seele war in den Augen vieler Wissenschaftler nichts weiter als unwissenschaftliche Spekulation. Entsprechend betrachtete man den Menschen als eine hochentwickelte Biomaschine. So merkte der berühmte Pathologe Rudolf Virchow an: „Ich habe so viele Leichen seziert und nie eine Seele gefunden." Vom damaligen Wissenschaftsverständnis her war es absurd, die Existenz einer „spirituellen Kernpersönlichkeit", sprich einer „Seele", auch nur in Erwägung zu ziehen, da der Mensch nur aus einem materiellen Leib besteht und das Bewusstsein eine organische Tätigkeit ist. Der Zoologe Carl Vogt hat dies folgendermaßen ausgedrückt: „Das Gehirn sezerniert die Seele wie die Niere den Urin."

Für das westliche Denken ist diese Revolution des Welt- und Menschenbildes signifikant. Aber global gesehen haben die meisten Menschen ein spirituelles Weltbild, vielleicht ohne es jemals reflektiert zu haben. Ganz selbstverständlich gehen sie davon aus, dass es neben der physikalisch-materiellen Welt eine geistige, spirituelle Dimension gibt, die anderen Gesetzen gehorcht. In dieser spirituellen Welt gibt es geistige Wesenheiten wie die Geist-Seelen verstorbener Menschen. Der Mensch selbst wird als eine materiell-spirituelle Einheit gesehen. Dabei ist die Kernpersönlichkeit geistig-spiritueller Natur. Während für Anhänger eines materiellen Weltbildes das Bewusstsein des Menschen ein Teil des Gehirns und seiner Funktionen ist, sind Anhänger eines spirituellen Weltbildes der Überzeugung, dass das Bewusstsein unabhängig von Materie existiert. Und das Gehirn ist das komplizierte Organ, das sozusagen zwischengeschaltet ist zwischen geistigem Bewusstsein und körperlich-materieller Existenz des Menschen und die Kommunikation zwischen Geist und Materie ermöglicht.

Wirklich nur Materie?

Der Streit darüber, welches Weltbild denn nun stimmt, entpuppt sich als Glaubensfrage. Das physikalisch-materielle Weltbild ist genauso wenig beweisbar wie das geistig-spirituelle. Dass Gesetze und naturwissenschaftliche Kausalitäten, die innerhalb der physisch-materiellen Welt wirken, wissenschaftlich beschreibbar sind, bedeutet ja nicht automatisch, dass das materielle Weltbild stimmt. Denn auch in einem spirituellen Weltbild gelten die Gesetze der Welt nach streng wissenschaftlichen Kriterien, eben nur innerhalb des Bezugsrahmens der materiellen Welt, die nur einen Ausschnitt der Wirklichkeit darstellt.

Analog dazu lässt sich der Mensch rein materiell beschreiben als hochkomplizierte Biomaschine. Diese Beschreibung ist richtig, aber aus Sicht des spirituellen Weltbildes einseitig und reduktionistisch, da sie das Sein des Menschen auf eine Dimension, nämlich auf die materielle, reduziert. Ein Gemälde von Salvador Dalí kann man schließlich auch nicht auf seine chemische Zusammensetzung und Beschaffenheit reduzieren. Es ist ein geistiges Werk, die Verkörperung genialer, kreativer Arbeit. Nur wer es auf dieser Ebene bestaunt, kann das verstehen. Geistige Werke sind auf der materiellen Ebene ihrer Bestandteile völlig bedeutungslos. Ihr Sinn erschließt sich aus der Gesamtschau.

Kritiker der materiellen Weltsicht sagen, dass die körperlich-materielle Existenz nur ein Teilaspekt des Menschen ist. Wolle man ihn umfassend beschreiben, so müsse man seiner geistig-spirituellen Dimension Rechnung tragen, die nicht einfach nur der Ausdruck agierender Materie ist.

Anhänger des materiellen Weltbildes wenden dagegen ein, dass die Existenz von Bewusstsein ohne die Materie unmöglich sei.

Die Problematik spitzt sich in der Frage zu: Ist das Geistige wirklich nur ein Ausdruck von Materie? Gibt es Bewusstsein unabhängig von Materie?

Die „Wiederentdeckung" der Seele durch die Sterbeforschung

Ein neues Forschungsgebiet, die Sterbeforschung, auch „Thanatologie" genannt, liefert seit den 1970er Jahren Hinweise darauf, dass unser Bewusstsein den Tod überlebt und in seiner Individualität fortbesteht. Von den Anhängern eines spirituellen Weltbildes werden diese Hinweise als *Beweise* gefeiert, durch die das alte materielle Weltbild als widerlegt gilt. Anhänger einer materiellen Sicht des Menschen finden indes andere Erklärungen, um die Ergebnisse der Sterbeforschung in ihr naturalistisches Weltbild einzubauen.

Wie kam es zur systematischen Erforschung des Sterbens? Da die Medizin immer leistungsfähiger wurde, konnten immer mehr Menschen, die klinisch tot waren, deren Herz und Atmung also für eine begrenzte Zeit stillstanden, ins Leben zurückgebracht, also reanimiert werden. Viele Patienten berichteten danach von Nahtoderfahrungen. Durch die Erforschung und Systematisierung dieser Erlebnisse entstand eine empirische, weltweite, interkulturelle Sterbeforschung.

Die Ersten, die Nahtoderfahrungen systematisch sammelten und auswerteten, waren die Schweizer Psychiaterin Elisabeth Kübler-Ross und der amerikanische Mediziner Raymond Moody. In seinem Buch „Leben nach dem Tod", das 1975 erschien, untersucht Moody die Berichte von 150 Menschen, die klinisch tot waren und wiederbelebt werden konnten.[20] Moody fiel dabei auf, dass sich die Berichte dieser „Fast-Toten" über ihre Erfahrungen jenseits der Todesgrenze bis in Einzelheiten hinein frappierend ähnelten: darin, wie ihr eigentliches Ich den Körper verließ, wie sie sich selbst daliegen sahen, wie sie das Mühen anderer Menschen um ihren Körper beobachteten, wie sie durch einen dunklen Tunnel schwebten – eine Art Verbindung zwischen dieser Welt und anderen Welten –, wie ein Lichtwesen sie erwartete, wie sie noch einmal mit ihrem Leben auf dieser Erde konfrontiert wurden, wie sie verstorbene Freunde und Verwandte trafen, wie sie an eine Art Grenze oder Scheidelinie gelangten, die sie nicht passieren konnten, und wie sie schließlich meist gegen ihren Willen zurück in ihr irdisches Leben mussten.

Seit Kübler-Ross und Moody gibt es auf allen Kontinenten eine Fülle von Untersuchungen, die sich mit Nahtoderfahrungen beschäftigen. Die meisten Wissenschaftler wie zum Beispiel der holländische Kardiologe Pim van Lommel schließen aus den vorliegenden wissenschaftlichen Erkenntnissen, dass es Bewusstsein unabhängig von Materie geben muss. Wir sind mehr als reine Materie oder Biochemie, behaupten sie.

Die letzte Party des Gehirns?

Die wissenschaftliche Diskussion der Nahtoderfahrungen zeigt, dass sich die Deutung derselben erneut am jeweiligen Weltbild entscheidet. Spirituelle Menschen sehen in den Nahtoderfahrungen einen Hinweis auf die Existenz der unsterblichen Seele, die im Sterbeprozess den Körper verlässt. Kritiker einer spirituellen Weltsicht finden viele glaubwürdige Erklärungen dafür, wie solche „Out-of-Body-Experiences" möglich werden. Einige gehen davon aus, dass bei Nahtoderlebnissen durch die schwere Hirnfunktionsstörung (Sauerstoffmangel, Zirkulationsstillstand) psychopathologische Symptome hervorgerufen werden. Andere beschreiben die Nahtoderlebnisse als letztes Fest des Gehirns, bevor die Lichter endgültig ausgehen. Der Körper stößt große Mengen Endorphine, also körpereigene Glücksdrogen, aus, bevor sich das System für immer verabschiedet. Die Folge: Das völlig zugedröhnte Gehirn produziert eine Fülle von positiven Erlebnissen wie Schwebezustände, Lichterfahrungen, Begegnungen mit verstorbenen Verwandten und Freunden.

Verwunderlich ist nur, dass dieser Drogenexzess des Gehirns in der Regel die Lebensgestaltung des betroffenen Menschen nachhaltig verändert. Die Erfahrungen „jenseits des Jordans" erschüttern und prägen so stark, dass das Leben nach neuen Gesichtspunkten umgestaltetet wird. Menschen, die vorher sehr diesseitsorientiert waren und ihr Leben nach Geld, Karriere, Besitz, Sex oder Ähnlichem ausrichteten, begreifen, dass sie damit ihre Lebenszeit vergeuden. Menschen, die ohne jeden Glauben waren, beginnen, sich mit geistlichen Dingen zu beschäftigen.

Der Fall Reynolds

1991 ereignete sich einer der spektakulärsten Fälle der Wissenschaftsgeschichte. Seitdem wird dieser gründlich dokumentierte Fall heftig diskutiert. Selbst im Programm der ARD lief eine Sendung darüber und im Internet gibt es unzählige Seiten dazu. An diesem Fall lässt sich auch studieren, dass es keine vorurteilsfreie Forschung gibt. Wir tragen unser Weltbild an die Forschung heran und nach diesem interpretieren wir auch die Fakten. Für viele Wissenschaftler war mit dem Fall Reynolds endlich ein Beweis für die Richtigkeit des spirituellen Weltbildes erbracht. Andere versuchten, die Ereignisse innerhalb ihres materiellen Weltbildes zu interpretieren, und sahen in den Ereignissen den Anlass, noch gründlicher zu forschen, was Bewusstsein ist und wo es sich im Gehirn befindet.

Aber was ist eigentlich passiert?

Bei Pamela Reynolds, einer 35-jährigen US-amerikanischen Sängerin und Lehrerin, wurde im Gehirn ein großes Aneurysma festgestellt, eine Erweiterung der Hauptschlagader an der Gehirnbasis. Ein solches Aneurysma der Hirnarterie kann jeden Moment platzen, was den sofortigen Tod zur Folge hätte. Die Ärzte räumten Pamela keinerlei Überlebenschancen ein, wenn das Aneurysma nicht sofort operativ entfernt würde. Dr. Robert Spetzler wagte den komplizierten Eingriff, die erste Stillstandsoperation der

Welt. Nachdem Pamela Reynolds anästhesiert worden war, öffnete man ihren Schädel und legte das Aneurysma frei. Dann schloss man die Patientin an einen Herzbypass an und senkte die Körpertemperatur auf 15 Grad. Nachdem das Herz zum Stillstand gebracht worden war, wurde das gesamte Blut aus dem Kopf abgeleitet. Nun konnte auch das Aneurysma entfernt werden. Danach wurde ihr Körper wieder erwärmt, Herzschlag und Blutkreislauf kamen wieder in Gang, und die Kopfwunde wurde geschlossen.

Als Pamela Reynolds im Aufwachraum langsam wieder zu sich gekommen war, berichtete sie detailliert, was sich während der Operation im OP-Saal zugetragen hatte, wann welches Instrument benutzt worden war und wer wann was gesagt hatte. Sie schilderte, dass sie aufgewacht und aus sich selbst herausgetreten sei. Sie habe sich an einem Standpunkt befunden, von dem aus sie alle Geschehnisse und Handlungen der Neurochirurgen genau beobachten konnte: wie die pneumatische Säge zum Öffnen ihres Kopfes funktionierte, was für ein Geräusch sie machte. Pamela Reynolds zitierte wörtlich das Gespräch, welches das OP-Team miteinander geführt hatte.

Dann, so berichtete sie weiter, wurde sie zu einem Licht gezogen und gelangte in eine Welt, in der sie ihre Großmutter, ihren Onkel und andere verstorbene Bekannte traf.

Nichts Neues an der Sterbefront?

Auf den ersten Blick bietet Reynolds' Geschichte nichts Neues. Die einschlägige Literatur ist voll von solchen Zeugnissen. Aber: Pamela Reynolds hätte auf keinen Fall etwas erleben, sehen und fühlen dürfen, da sie sich in Vollnarkose befand, ihr Herz stillstand und sie völlig ohne Bewusstsein war. Schließlich hatte das angeschlossene EEG gezeigt, dass ihr Gehirn völlig inaktiv war. Die an der Operation beteiligten Ärzte bestätigten, dass sich die Handlungen und Gespräche während der Operation tatsächlich genau so zugetragen hatten, wie von Pamela Reynolds geschildert.

Dr. Spetzler hält es für unmöglich, dass Pamela Reynolds die Geschehnisse im Operationssaal von ihrer Liegeposition aus beobachten konnte: „Da waren die Geräte für sie einfach nicht sichtbar. Die Bohrer und die anderen Sachen waren abgedeckt oder eingepackt. Sie werden nicht aufgedeckt oder ausgepackt, bevor der Patient vollständig eingeschlafen ist. Das ist notwendig, um die Umgebung steril zu halten."

Dr. Spetzler betont weiter, dass Pamela in ihrer Situation überhaupt nichts wahrnehmen konnte. „In dieser Phase der Operation kann niemand etwas beobachten oder hören. Es ist unvorstellbar, dass in dieser Phase normale Sinne wie das Gehör funktionieren. Abgesehen davon steckten Ohrhörer für die Klick-

Tests in ihren Ohren. Es gab für sie keine Möglichkeit, die Gespräche über ihr Gehör wahrzunehmen."

Die Einzigartigkeit des Falles Pamela Reynolds

Wenn man den Fall genau untersucht, treten einige ernst zu nehmende Argumente zutage, die dafür sprechen, dass es sich bei den Nahtoderlebnissen um reale Erfahrungen von objektivem Charakter handelt. Während der Operation floss kein Blut durch Reynolds' Gehirn. Ihr Herz stand still. Die Hirnstromkurve zeigte eine Nulllinie. Es gab also keinerlei Hirnaktivitäten. Die Patientin war hirntot. Da war keine letzte Party im Gange.

Trotzdem machte sie sehr eindrucksvolle Erfahrungen. Wenn das Hirn aber nachweislich völlig inaktiv war, wie konnte Pamela Reynolds das sehen, was sie gesehen hatte, das hören, was sie gehört hatte, das erleben, was sie erlebt hatte? Und wie konnte sie sich an all das auch noch detailgetreu erinnern? Die Patientin berichtete eine Reihe von überprüfbaren Tatsachen aus der Zeit während ihrer Operation. Diese Informationen waren ihr sowohl aufgrund der Lage ihres Körpers als auch aufgrund von dessen Zustand (Narkose, Koma) auf keine normale Art und Weise zugänglich, selbst wenn in der Patientin noch irgendein versteckter Gehirnlappen aktiv gewesen sein sollte.

Was Pamela Reynolds sah und hörte, kann nicht nur ein Fantasieprodukt ihres Gehirns gewesen sein. Wir haben es hier mit einem der stärksten Belege dafür zu tun, dass die Nahtoderfahrungen nicht vom Gehirn produziert werden und dass unsere Kernpersönlichkeit nicht materieller Natur ist.

Ein Beweis?

Der Fall Reynolds ist unglaublich, interessant, schockierend, faszinierend, nie da gewesen – aber ein Beweis ist er dennoch nicht, zumindest nicht für Menschen, die ein physikalisch-materielles Weltbild haben. Obgleich ich selbst ein Anhänger eines spirituellen Weltbildes bin, lehne ich mich angesichts dieses Falles entspannt zurück, weil ich weiß, dass sich die Dinge der spirituellen Welt nicht so beweisen lassen, wie man die Existenz von Jupiter-Monden beweisen kann. Die „Dinge" der spirituellen Welt kann man nicht sichtbar machen, einfangen, messen, wägen, fixieren, verifizieren mit den Instrumentarien dieser Welt. Das gilt für alles Jenseitige, für Engel, für die Geistseele, für Himmel und Hölle, ja für Gott selbst. Die tiefsten Geheimnisse des Lebens bleiben unbeweisbar. Gott sei Dank!

Und weil sich geistliche „Dinge" irdischer Beweisbarkeit entziehen, sind Toleranz und Respekt Grundtugenden, die alle Menschen entwickeln müssen, egal, welcher Weltsicht sie anhängen.

Was ist der Mensch?

Die Sterbeforschung, vor allem der Ausnahmefall von Pamela Reynolds, scheint zu bestätigen, dass das menschliche Bewusstsein nicht materiell ist. Das Geistig-Spirituelle kann unabhängig von Materie existieren. Alle Bewusstseinsvorgänge wie Gedanken, Selbstbewusstsein, Träume, Fantasie sind nicht einfach nur ein Produkt von Materie, sondern Ausdruck einer geistig-spirituellen Ebene des Menschen. Das individuelle Bewusstsein existiert auch nach Ausfall aller Hirnfunktionen und darüber hinaus ohne das Vorhandensein eines Gehirns. Der Tod bedeutet lediglich das Ende unserer irdischen Existenz. Unsere Kernpersönlichkeit lebt weiter.

Das christlich-jüdische Weltbild ist nicht nur irgendein spirituelles Weltbild. Letzteres sagt nichts über Gott und über die Bestimmung des Menschen aus. Aber es gibt zwei wichtige, grundsätzliche Übereinstimmungen. Erstens: Neben der physikalisch-materiellen Welt gibt es eine geistig-spirituelle Welt. Zweitens: Der Mensch als materiell-spirituelle Einheit besitzt eine spirituelle Kernpersönlichkeit, eine unsterbliche Geist-Seele.

Im Katechismus der katholischen Kirche heißt es: „Die menschliche Person ist ein körperliches und zugleich geistiges Wesen. Im Menschen bilden Geist und Materie eine einzige Natur. Diese Einheit ist so tief, dass der aus Materie gebildete Leib aufgrund des geistigen Prinzips, der Seele, ein lebendiger menschlicher Leib wird und an der Würde des Seins ‚nach dem Bilde Gottes' teilhat. Die Geist-Seele kommt nicht von den Eltern, sondern ist unmittelbar von Gott geschaffen; sie ist unsterblich. Sie geht nicht zugrunde, wenn sie sich im Tod vom Leibe trennt. […] Durch den Tod wird die Seele vom Leib getrennt. Der Leib fällt der Verwesung anheim. Die Seele, die unsterblich ist, geht dem Gericht Gottes entgegen …"[21]

Kapitel 7

▶▶ Areligiosität und Kirche

Kirche als Katalysator

„Katalysator" bezeichnet in der Chemie einen Stoff, der eine Reaktion beeinflusst, ohne dabei selbst verbraucht zu werden.

Kirche muss eine Art Katalysator sein, der den Prozess von „genug" zu „nicht genug" in Gang bringt. Kirche ist kein Selbstzweck, kein frommer Insiderclub, kein Zirkel für religiös Bedürftige. Kirche hat eine Aufgabe in der Welt. Durch sie sollen die Leute entdecken, dass die Welt eben nicht genug ist. Durch sie soll areligiösen Menschen der Zugang zu einer faszinierenden Entdeckung ermöglicht werden: Es gibt Gott. An ihn zu glauben und mit ihm zu leben, gibt dem Leben einen wirklichen Sinn, hilft, Probleme zu meistern, tut dem Herzen gut, macht lebenstüchtig, kann von lebenszerstörerischen Zwängen befreien, schenkt die Gewissheit, von Gott gewollt und geliebt zu sein, und inspiriert zu einer lebendigen Hoffnung über den Tod hinaus.

Kann eine Institution das leisten? Natürlich nicht! Kirche ist aber keine Institution. Sie *hat* Institutionen wie Kirchenleitungen, Schulen, Universitäten, Krankenhäuser, Kindergärten, Kirchgemeinden, Sportgruppen, Kommunikationsnetze, TV-Sender, Internetseiten ... Aber sie ist mehr als eine Institution. Sie ist im Kern die weltweite Gemeinschaft von Menschen, die eine großartige Gewissheit verbindet: Jesus lebt und wir können unser Leben mit ihm leben. Durch das ansteckende Leben der Menschen, die an Jesus glauben, durch die Ausstrahlung ihrer Gottesdienste, durch die Hilfsangebote ihrer Institutionen soll eine unglaublich gute Nachricht laut und erfahrbar werden in dieser Welt: Gott will Gemeinschaft mit den Menschen.

Kirche – ein problematischer Begriff

Wer von „Kirche" redet, provoziert, missverstanden zu werden. Das liegt nicht an der fehlenden Gutwilligkeit des Gegenübers, sondern an der Schwammigkeit und Vieldeutigkeit des Begriffs. Erstens verbinden die meisten Menschen mit dem Wort „Kirche" unterschiedliche Dinge. Ich rede von Gemeinschaft, die Leute hören Institution, die mit ihren eigenen Problemen beschäftigt ist. Ich rede vom Volk Gottes, sie hören Hierarchie, Machtmissbrauch. „Amtskirche" ist ein Negativbegriff, der besonders gern von den Medien verwendet wird, wenn es um Kritik an der Kirche geht, meist an der katholischen.

Zweitens ist der Begriff „Kirche" derart vieldeutig und damit unscharf, dass man ständig erklären muss, was man gerade meint. „Kirche" hat mindestens acht verschiedene Bedeutungen: Institution, Konfessionsgemeinschaft, Arbeitgeber, Gebäude, Ortsgemeinde, Landeskirche (bei Evangelischen in Deutschland), weltweite Christenheit aller Bekenntnisse, *die* Kirche (nach katholischem Selbstverständnis die eigene).

Was meinen wir eigentlich, wenn wir hier von Kirche reden? Das Wort „Kirche", das auf das griechische Wort *kyriakos* (dem Herrn gehörend) zurückgeht, umschreibt die ausstrahlende Gemeinschaft von Menschen, die durch Christus in herzlicher Zuwendung, Anteilnahme und Ermutigung leben, als Teil einer weltweiten Gemeinschaft der Getauften, die an Jesus glauben. Ich weiß, dass diese Kurzfassung des Kirchenbegriffes für Theologen nicht klar genug beschreibt, was Kirche ist. Ich denke aber, dass für das Anliegen dieses Buches zur Definition von Kirche genug gesagt ist.

Ein kirchengeschichtliches Novum

Die christliche Botschaft traf in der 2.000-jährigen Kirchengeschichte immer auf andere Religionen, noch nie aber auf ein areligiöses Milieu. Das ist völlig neu. Es gibt kaum Erfahrungen im Umgang mit Areligiosität. Die Kirche betritt absolutes Neuland.

Was bedeutet das für sie? Es ist eine atemberaubende Herausforderung für die westliche Kirche, ausstrahlend in einer areligiösen Umgebung zu leben. Auf welche Erfahrungen kann sie zurückgreifen? Welche Gemeindeaufbaukonzepte könnten Erfolg haben? Welche Modelle haben sich bewährt? Es ist die alte Frage mit neuen Aufgaben: Was für eine Kirche braucht die Welt? Wie müsste sie aussehen, damit das Interesse von Menschen geweckt wird, für die der Glaube überflüssig ist? Welche Charaktereigenschaften, Werte, Programme, Lebensäußerungen müssten in ihr lebendig sein, damit auch areligiöse Menschen entdecken können, dass es Gott gibt und dass er sie liebt? Können sie in der Kirche und bei den Christen das finden und erleben, was sie brauchen, um anzufangen, nach Gott zu fragen und suchen? Welche Gestalt müssten die Gemeinden als Instrumente der suchenden Liebe Gottes haben? Welches Church-Design (Kommunikationsformen, Architektur, Musik, Kunst überhaupt) könnte hilfreich sein, um die Relevanz des Glaubens auch für moderne und postmoderne Menschen zu artikulieren?

Ein Traum von Kirche

Beim Thema „Kirche" komme ich ins Träumen. Nicht weil die kirchliche Wirklichkeit so öde ist, sondern weil Träume die Kraft haben, die Wirklichkeit zu gestalten. Die Bibel selbst malt uns besonders in der Apostelgeschichte ein wundervolles Bild von Kirche. Wir können nicht zum Zustand dieser Urkirche zurückkehren. Alle derartigen Versuche in der Geschichte sind gescheitert. Das Bild von Kirche, das uns das Neue Testament (der hintere Teil der Bibel, der von Jesus handelt und vom Entstehen des Christentums) zeichnet, bleibt ein Vorbild und ein Idealbild. Gott setzt uns dieses Bild von Kirche immer wieder als Modell vor, nach dem die Kirche heute gestaltet werden soll. Alle Kirchen (ob katholisch, evangelisch, freikirchlich, pfingstlich, baptistisch) müssen sich immer wieder an dem biblischen Modell der Urkirche orientieren. Vieles, was in diesem Urmodell angelegt war, ist in der 2.000-jährigen Geschichte ganz unterschiedlich umgesetzt worden. Vieles davon ist heute noch brauchbar; einiges hindert die Kirche heute daran, ihren Auftrag zu erfüllen.

Um den Rahmen dieses Buches nicht zu sprengen, können wir nur ein paar Linien entwerfen: Was müsste eine Kirche kennzeichnen und auszeichnen, die ihren Auftrag erfüllt, allen Menschen die Gute Nachricht zu bringen?

Kirche als Vorurteilskiller

Wir sind als Junge Kirche Berlin (JKB) mehrmals mit Infotisch und Fragebögen an zentrale Plätze unserer Stadt gegangen, da wir wissen wollten, was areligiöse Menschen über Kirche denken. Ihre Meinungen konnten wir in drei Themengruppen zusammenfassen:

1. Kirche ist altmodisch und unverständlich: alte Lieder, unverständliche Sprache, unverständliche Themen, Orgel, nur was für alte Leute.
2. Kirche ist irrelevant für das wirkliche Leben.
3. Die glauben selbst nicht (Heuchler).

Eine Kirche, die areligiöse Menschen überraschen könnte, müsste diese drei Vorurteile durch ihr Erscheinungsbild, durch ihre fröhliche Lebendigkeit und durch ihre lebensrelevante Verkündigung und ihren ansteckenden Glauben *ad absurdum* führen.

Areligiöse halten Glauben im Allgemeinen für eine irrelevante und überholte Lebensform. Sich dem Glauben zuzuwenden ist ein Rückschritt in einen veralteten, sterbenden, nicht zukunftsfähigen Lebensentwurf. Nur Menschen, die irgendwie den Anschluss verpasst haben, durch eine religiöse Erziehung verbogen wurden oder einfach nur schwach, haltlos oder naiv sind, haben so etwas wie Glauben nötig. Kirche ist in den Augen vieler Areligiöser eine in Formalismen erstarrte Institution, die mit ihrem eigenen Überleben beschäftigt ist.

Werden die Menschen ihre Vorurteile bestätigt sehen, wenn sie unsere Kirchen unter die Lupe nehmen? Wie werden sie das Christentum erleben? Als eine angepasste, dem Zeitgeist anheimgefallene und von Selbstzweifeln erfasste Ansammlung „angechristelter" Mitbürger? Als einen mit sich selbst beschäftigten, ins fromme Ghetto zurückgezogenen Insiderclub? Als eine einladende und ausstrahlende Gemeinschaft, die den Glauben froh, gewiss und kulturrelevant lebt und weitergibt? Als eine Stimme für die Armen dieser Welt? Als eine Organisation mit einer wichtigen Botschaft und mit der Fähigkeit, diese verständlich und kreativ in das Denken der Menschen zu übersetzen? Als eine offene Kirche, in der Neue, auch Nichtchristen, das Gefühl haben, herzlich willkommen zu sein?

Dialog auf Augenhöhe

Eine fromme Christin sagte: „Ich habe eine atheistische Freundin. Ich würde ihr gern den Glauben weitergeben. Aber ich weiß überhaupt nicht, wo ich ansetzen soll. Ihr fehlt nichts. Sie ist glücklich. Sie hat keine außergewöhnlichen Probleme. Ich habe keine Ahnung, wie ich ihr sagen soll, dass sie Gott braucht." Dieser Satz illustriert die Unfähigkeit, mit Menschen das Evangelium zu teilen, denen es einfach nur gut geht. Man muss ein Defizit im Leben des anderen finden, erst dann kann man mit der Guten Nachricht landen. Das hat etwas Zynisches. Christen sehen sich nur in der Lage, das Evangelium weiterzugeben, wenn das Ziel ihrer missionarischen Bemühungen irgendwelche Mängel, Probleme, Sorgen hat. Und so neigen Gläubige dazu, im Leben ihrer heidnischen Freunde nach Defiziten zu pulen. Und wenn sie fündig werden – eine Neigung zum übermäßigen Biergenuss, ein Techtelmechtel mit der Sekretärin, Fressattacken und Übergewicht, finanzielle Schwierigkeiten, häufige Wutanfälle, Eitelkeit, sexuelle Obsessionen, Neidtiraden, Eheprobleme usw. –, dann sagen sie triumphierend: „Du brauchst Jesus."

Areligiöse Menschen spüren, dass sie „missioniert" werden und dass da etwas nicht gut läuft. Sie machen dicht. Sie lassen sich nicht auf den Glauben ein. Zumindest schaffen das die Starken. Menschen, die sich schwach fühlen und bis zum Hals in Problemen stecken, ergreifen eher die ihnen dargereichte Option, durch Glauben Hilfe zu finden. Wer ein angeknacktes Selbstwertgefühl hat, erhofft sich Stärkung oder wenigstens Trost. In christlichen Gemeinden wimmelt es nur so von psychisch lädierten Menschen. Natürlich: Wo Wärme ist, da sammeln sich die Frierenden.

Aber der Glaube ist nicht nur etwas für die, die im Leben nicht klarkommen. Gott will dem Menschen begegnen in Erfolg und Misserfolg, in Stärke und Schwachheit, in Freud und Leid, in Überschwang und Selbstbescheidung, in Lust und Unlust, in Genuss und Verzicht, im Feiern und Fasten, in Gesundheit und Krankheit, im Leben und im Sterben. Gott will allen Menschen guttun, nicht nur den Verlierern, auch den Starken, zu denen ganz gewiss der Apostel Paulus trotz gegenteiliger Beteuerungen gehörte.

Der russische Dichter Fjodor Dostojewski sagte: „Einen Menschen lieben heißt, ihn so zu sehen, wie Gott ihn gemeint hat." Jesus fordert die Menschen zur radikalen Nächstenliebe auf. Für Christen heißt das, dass sie ihre areligiösen Freunde und Bekannten nicht als Mangelwesen sehen und in ihrem Leben nach Defiziten suchen, sondern dass sie die Augen der Liebe von Jesus bekommen, der im anderen das Potenzial sieht, das Gott in ihn hineingelegt hat.

Jesus sagt einmal zu einem Menschen, der als Inbegriff von Instabilität galt: „Du bist Petrus und auf diesem Felsen will ich meine Gemeinde bauen."[22] Er erkennt in diesem Sanguiniker vom See Genezareth, in diesem Bündel von Temperament und Stimmungsschwankungen das Potenzial eines künftigen Führers der Weltchristenheit. Jesus blickt nicht auf das feige Versagen, als Petrus seinen Herrn am Karfreitag verleugnete. Jesus sieht in Petrus den Felsen, auf den die kommende Kirche gegründet wird. Er, der Sohn Gottes, begegnet einem labilen Fischer auf Augenhöhe und gewinnt ihn für die großartigste Mission aller Zeiten.

Mit spiritueller Kraft

Areligiöse Menschen finden nicht aufgrund überzeugender theologischer Argumente zu Gott. Diese sind wichtig, aber es braucht mehr, damit Menschen auf Gott aufmerksam werden. Mit den scharf geschliffenen Waffen apologetischer Rhetorik besiegt man intellektuelle Gegner, aber man verliert Menschen. Von dem großen katholischen Theologen Karl Rahner stammt eine Aussage, deren Bedeutung wir heute immer besser verstehen: „Der Christ der Zukunft wird Mystiker sein, einer, der etwas erfahren hat, oder er wird nicht sein." Besonders postmodern geprägte Menschen finden einen Zugang zum Evangelium eher über die Erfahrung als über den Intellekt. Ein Glaubensbekenntnis der Postmoderne lautet überspitzt formuliert: „Nur was ich fühle, ist real."

Wenn Menschen erzählen, wie sie Gott erlebt haben, werden Areligiöse neugierig. In meiner Arbeit erlebe ich immer wieder, dass einzelne Christen nach ihren Gotteserfahrungen geradezu gelöchert werden: „Erzähl mir mehr davon." Die Leute sind nicht an Dogmen interessiert, sondern an Alltagsgeschichten des Lebens mit Gott. Wenn sie von dem Jesus hören, der heute wirkt, beginnen sie, sich auch für den Jesus zu interessieren, der vor 2.000 Jahren lebte. Wenn man ihnen von der Kraft des Jesus erzählt, der heute von selbstzerstörerischen Mächten befreit, dann wollen sie mehr von dem Jesus der Geschichte wissen.

Daher haben die folgenden Fragen ein unglaubliches Gewicht: Wie können wir Zugang zur Erfahrung Gottes finden? Wie kann das Evangelium zu den Menschen gelangen? „Nicht allein im Wort, sondern auch in der Kraft, im Heiligen Geist und in großer Gewissheit"?[23] Auch die klügsten, gewinnendsten Worte genügen nicht, um einen Menschen, der dem Glauben fernsteht, für Gott zu gewinnen.

Das war auch bei Paulus nicht anders. Er schreibt: „Mein Wort und meine Predigt geschah nicht mit überredenden Worten menschlicher Weisheit, sondern in der Vollmacht und Kraft des Heiligen Geistes."[24] Wenn Gottes Barmherzigkeit das Herz und den Verstand berührt, entsteht zuerst die Ahnung, dass die Welt nicht genug ist. Aus der Ahnung kann der Hunger nach Gott selbst entstehen.

Wer Menschen, die den Glauben für Nonsens halten, mit dem Evangelium erreichen will, der will das Unmögliche, der will ein Wunder. Nicht mehr und nicht weniger. Es ist gut, wenn die Kirche das weiß. So bleibt sie realistisch und entspannt.

Aber was ist das eigentlich für ein Wunder? Es geht um nichts Geringeres, als dass Menschen entdecken:

Jesus ist mehr als nur eine faszinierende historische Persönlichkeit, die vor 2.000 Jahren gelebt hat. Jesus wirkt heute und er ist heute im Alltagsleben der Menschen erfahrbar. Dieses Wunder soll zwar durch die Kirche geschehen, aber es wird nicht von ihr gewirkt. Es geht um das Wirken des Heiligen Geistes in seiner Kirche. Wie kann die Gegenwart Jesu in unserer Mitte zu einer lebendigen Erfahrung für die Menschen werden? Im Zeugnis der Heiligen Schrift liegt der Schwerpunkt darauf, dass der Heilige Geist sich an das Wort der Bibel bindet. Luther hat das so ausgedrückt: „Der Geist ist um das Wort herum." Das heißt, der Heilige Geist bindet sich an die Verkündigung des Wortes Gottes, an das erwartende Gebet, an Glaube und an die Sakramente von Taufe, Abendmahl und Beichte.[25] Es gibt keine Methode, kein Rezept, welche den Zugang zu spirituellen Erfahrungen möglich machen. Aber Gott hat das Kommen des Heiligen Geistes verheißen: Wo das Leben der Kirche geprägt und getragen ist vom Evangelium, vom Gebet des Glaubens, von der Liebe und von der sehnsüchtigen Erwartung, dass der Herr kommt, wirkt der Heilige Geist. Gotteserfahrung ist meistens soziale Erfahrung. Menschen erleben das Wirken Gottes in Gemeinschaft mit anderen: bei der Feier des heiligen Abendmahls, in Gebetsnächten, in der Feier der Osternacht, im gottesdienstlichen Lobpreis, beim Segnen unter Handauflegung, beim gemeinsamen Gebet im Hauskreis.

Weil wir als Junge Kirche Berlin leidenschaftlich das Kommen des Geistes ersehnen, gibt es in unserem Gemeindeleben immer wieder Tage, an denen die Gemeinde oder Teile der Gemeinde fasten, um unserer Bedürftigkeit Ausdruck zu verleihen.

Areligiöse werden nicht aufgrund unserer kreativen Gemeindearbeit Christen (die kann höchstens Menschen für das Evangelium öffnen), sondern weil Gott sich einmischt und sein Geist Herzen berührt. Immer wieder erzählen uns Menschen, dass sie begonnen haben, Gott zu suchen, weil sie im Gottesdienst, oft in der Anbetungszeit, diesen zärtlichen, werbenden Wind vom Himmel in ihrem Herzen gespürt haben. Wir laden die Menschen im Gottesdienst immer wieder zur Stille vor Gott ein. Manchmal erhalten sie die Möglichkeit, sich vor ein großes, schlichtes Kreuz, vor dem unzählige Kerzen brennen, hinzuknien und Jesus zu bitten, Teil ihres Lebens zu werden. Viele haben dort ihre erste Erfahrung mit der Liebe Christi gemacht. Manchmal rufen wir sie nach der Predigt nach vorn und salben sie mit einem Ölkreuz auf der Stirn als Zeichen, dass das Licht Christi in ihrem Herzen aufleuchten möchte.

Es gibt ganz unterschiedliche Möglichkeiten, dem Wirken des Geistes Raum zu schaffen. Wichtig ist, dass wir in unserer Gemeindearbeit die spirituelle Dimension im Blick haben. Die Pneumatologie (Lehre vom Heiligen Geist) spielt eine große Rolle im Leben und in der Verkündigung einer ausstrahlenden Kirche.

Nur geistlich vitale Gemeinden und Gemeinschaften werden Areligiöse mit dem Evangelium erreichen können. Vollmacht ist eine Gabe des Heiligen Geistes an seine Kirche, weniger an den Einzelnen. Vollmacht entsteht, wenn die Christen sich gemeinsam von Gott rufen und ausrüsten lassen, um der Welt das Evangelium in Wort und Tat zu bringen.

Gemeinschaft der Glaubenden

Der evangelische Bischof in Bayern, Hermann Dietzfelbinger, sagte in den 1970er Jahren: „Die Leute treten zunehmend aus der Kirche aus, nicht weil sie keinen Glauben haben, sondern weil sie ihn in unserer Kirche nicht mehr finden."

1997 schockierte eine Studie die Kirchen. Darin führte der Religionssoziologe Klaus-Peter Jörns aus, wie sich in der Evangelischen Kirche hierzulande sowohl Pfarrer als auch Laien im großen Stil von den Glaubensinhalten ihrer Kirche entfernt haben. Für immer weniger von ihnen ist die Bibel eine heilige Schrift. Begriffe wie „Sünde" und „Erlösung" sagen vielen nichts mehr. Die Allmacht Gottes und Gottessohnschaft Jesu werden bezweifelt. Übrig geblieben ist ein „Glauben light" an einen harmlosen Kuschelgott. Jörns' Resümee: „Die Kirchen haben – bis in die Reihen der eigenen Pfarrerschaft hinein – an Glauben und normierender Kraft verloren."[26]

Nach Bischof Wolfgang Huber – er war bis 2009 der oberste Protestant in unserem Land – hat sich die Kirche durch ihren Kurs der „Selbstsäkularisierung" und „Selbstbanalisierung" schwer geschadet und ihr ausstrahlendes Zeugnis behindert. Vergleicht man katholisches und evangelisches Christsein in Deutschland, gewinnt man den Eindruck, dass die Schäden in der Evangelischen Kirche schwerwiegender sind. Luther würde heute keine Reformation mehr vom Zaun brechen. Er bliebe katholisch.

Die Kirchen in Europa haben ein Glaubens- und damit ein Identitätsproblem. Die Folge: eine tiefe Vollmachtslosigkeit. Geistliche Vollmacht aber ist genau das, was die Kirche braucht, damit das Christentum in Europa nicht in Marginalisierung und Bedeutungslosigkeit versinkt.

Man kann es in der Bibel und in der Kirchengeschichte sehen: Es gibt einen engen Zusammenhang zwischen Glauben und Vollmacht. Jesus konnte in seiner Heimatstadt wegen des Unglaubens der Menschen keine Wunder vollbringen.[27] Der Gelähmte, der von vier Freunden zu Jesus gebracht wurde, erfuhr die Heilung seiner Gottesbeziehung und die Heilung von seiner Lähmung aufgrund des Glaubens seiner Freunde, die sogar das Haus demolierten, in dem Jesus sich aufhielt, nur um ihren kranken Freund zu ihm zu bringen.[28] Die blutflüssige Frau ertrotzte sich ihre Heilung geradezu durch ihren Glauben, als sie wider alle Religionsgesetze aus dem Haus ging, sich durch die Massen zu Jesus hinarbeitete und ihn beim Gewand ergriff. Er sprach zu ihr: „Meine Tochter, dein Glaube hat dich gesund gemacht. Geh hin in Frieden und sei gesund von deiner Plage."[29] Es waren die erwartenden (glaubenden!) und betenden Jünger, auf die am Pfingsttag der Heilige Geist fiel. Da wurde auch die erste Missionspredigt gehalten und 5.000 Leute kamen zum Glauben. Man könnte noch unzählige Beispiele aus der Heiligen Schrift und der Geschichte der Kirche hinzufügen: Der Glaube der Kirche und das vollmächtige Kommen des Geistes, der das Wort seiner Kirche bestätigt mit den Zeichen der Gegenwart Gottes, gehören zusammen.

Wenn führende Kirchenleute die Weihnachtsgeschichte mit dem Jesuskind in der Krippe in das Reich der Mythen verweisen und Jesus im Grab vergammeln lassen, dann werden sich viele Menschen in ihrem Vorurteil bestätigt sehen, dass die Christen selbst nicht glauben. Eine Kirche, in der sich Theologieprofessoren und Pfarrer eine Theologie der leeren Krippe und des vollen Grabes leisten, zentrale Inhalte wie den Sühnetod Jesu zeitgeistkompatibel umdeuten, ihren Unglauben hinter theologischem Wortgeklingel verstecken, so eine Kirche arbeitet gegen die Glaubwürdigkeit der Kirche in der Welt. Vielleicht werden einige Zeitgenossen Beifall klatschen, wenn Kirchenleute erklären, dass sie mit vielen Lehren der christlichen Tradition auch nichts mehr anfangen können. Und mancher, der mit dem Glauben gebrochen hat, wird sich bestätigt fühlen, aber die Kirchenbänke leeren sich weiter. Die Kirche knipst sich selbst das Licht aus, wenn sie den apostolischen Glauben zugunsten eines verwässerten, angepassten, zeitgeisthörigen Minimalchristentums aufgibt. Eine vollmachtlose Kirche mit einer harmlosen Allerweltsbotschaft braucht die Welt nicht. Sie hat der Welt nichts zu geben. Sie ist so überflüssig wie ein Kropf.

Ich bin fest davon überzeugt: Wenn die Tausenden Verkündiger in den Groß- und Freikirchen unseres Landes fähig wären, Menschen zu Jesus zu führen – wir bräuchten über eine christliche „Erweckung" nicht zu reden. Wir hätten sie. Wenn katholische Priester, evangelische Pfarrer, freikirchliche Pastoren in der Lage wären, das lebendige Evangelium vollmächtig und kulturrelevant zu kommunizieren, sodass die Leute es verstehen und annehmen können – wir hätten eine Bewegung der Hinwendung vieler Menschen zu Glaube und Kirche, allem Materialismus, Hedonismus, Relativismus und Atheismus zum Trotz.

Leidenschaft

Die Kirche im postmodernen Europa hat in dem Maße an Faszination eingebüßt, in dem ihrer Spiritualität die Leidenschaft der Christusliebe fremd geworden ist. Das gesamte Konzept religiöser Erfahrung hat sich vom Transzendenten zum Nützlichen, vom Mystischen zum Moralischen hin verschoben. Christus wird geschätzt und verkündet als der, der uns hilft, der unserem Leben einen Sinn vermittelt, der uns tröstet, Geborgenheit schenkt, unsere Nerven beruhigt, unserem Herzen Frieden und unseren Geschäften Erfolg verleiht und uns die Wirklichkeit unseres Sterbens besser ertragen lässt. Die alles verzehrende Liebe Christi, die in den Schriften von Augustinus, Teresa von Avila, Gerhard Tersteegen, Nikolaus Ludwig Graf von Zinzendorf, im Lebenszeugnis des Franz von Assisi oder im Leben der frühen Herrnhuter Missionare brannte, mutet uns heute eigenartig fanatisch an. Dennoch ist es genau diese Leidenschaft, welche die Kirche aus ihrer Mittelmäßigkeit und Durchschnittlichkeit aufbrechen lassen kann. Der französische Dichter Georges Bernanos schreibt: „Das große Unglück dieser Welt, der große Jammer dieser Zeit ist nicht, dass es Gottlose gibt, sondern dass wir so mittelmäßige Christen sind."

Wie entsteht Leidenschaft? Leidenschaft ist die Begeisterung für etwas, das man von Herzen will und begehrt, wofür man sich einsetzt, koste es, was es wolle. *Leiden*schaft wird aus dem Leiden geboren. Sie entsteht, wenn wir an einer Situation, einem Zustand leiden, wenn wir etwas so unerträglich finden, dass es uns nahegeht und umtreibt. Erst wenn die Kirche anfängt, wirklich an ihrer Gleichgültigkeit und Gottlosigkeit zu leiden, kann die Glut der Leidenschaft wieder in ihr entfacht werden. Erst wenn Bischöfe und Synodale, Theologieprofessoren und Pfarrer Tränen weinen über den Zustand ihrer Kirche und über die Verlorenheit der Menschen in Materialismus und Atheismus, kann Gott das Feuer seiner Liebe in seiner Kirche wieder entzünden. Die Kirche wird Areligiöse nur erreichen, wenn in ihr die Christusliebe hell brennt. „Nur der Begeisterte begeistert, nur der Bewegte bewegt."[30]

Verständlich vom Glauben reden

Christen im säkularen Europa stehen vor einer schweren Aufgabe. Sie müssen im Grunde genommen das draufhaben, was Glaubensprofis wie zum Beispiel Südamerika-Missionare in ihrer Ausbildung lernen: die Fähigkeit, die frohe Botschaft von Jesus umzusprechen in die Lebens- und Verstehenswelt von Nichtchristen. Das wäre im Fall der Südamerika-Missionare die Lebens- und Verstehenswelt der Angehörigen eines Stammes, der nichts vom Christentum weiß und in ständiger Angst vor den Geistern lebt. Bei den europäischen Christen wären das die unzähligen Menschen, die in unserer Mitte ohne Glauben an etwas Höheres leben. Im nachchristlichen Europa schwindet das Grundwissen über die Wurzeln der christlich-abendländischen Kultur. Man kann immer weniger voraussetzen. Kirche wird mit ihrem Anliegen immer weniger verstanden. Sie muss es lernen, das Evangelium von Jesus Christus für Menschen verständlich zu machen, die dem Glauben und der Kirche fernstehen.

Die Unverständlichkeit kirchlicher Verkündigung beginnt bereits mit dem Wort „Glauben". Wenn Christen davon sprechen, meinen sie damit, Gott zu vertrauen und sich von ihm geliebt und getragen zu wissen. Nichtkirchliche Menschen denken, dass Christen einer Vermutung anhängen, also etwas, von dem man nichts Genaues weiß. So wie: „Ich glaube, dass es morgen regnet." Deshalb heißt es ja auch „Glaube", im Gegensatz zu „Wissen". Wenn die Kirche Menschen zum Glauben einlädt, dann versteht der Normalbürger, er sei eingeladen, eine bestimmte, in diesem Falle religiöse Annahme zu teilen. Entsprechend verstehen viele Leute nicht, warum die Kirche so viel „Gewese und Gerede" um eine Vermutung macht. Sie haben den Verdacht, dass die ganze Kirche eine Institution ist, die um eine bloße Vermutung zentriert ist. Die Menschen sehen keinen Grund, warum sie die religiöse Weltdeutung der Kirche teilen sollen, und begreifen nicht, inwiefern das für ihr Leben relevant sein soll.

Glaube ist aber kein erkenntnistheoretischer Begriff, sondern ein relationaler, ein Begriff, der eine Beziehung umschreibt. Es geht um eine Relation, eine Beziehung zu dem, was den Menschen unbedingt angeht. Es geht nicht um eine Vermutung. Auf dem sumpfigen Boden von Zweifeln und Vermutungen kann man kein Lebenshaus errichten. Die christlichen Märtyrer in der Geschichte sind nicht für eine fragwürdige Annahme in den Tod gegangen, sondern sie waren von der Gewissheit begeistert, dass die Treue zu Jesus wichtiger ist als das irdische Leben.

Die kirchlichen Kultur- und Lebensformen wirken auf Menschen mit einem kirchenfernen Hintergrund oft wenig einladend. Die Kirche aber hat den Auftrag, „alle Völker zu Jüngern zu machen". Kultur ist dabei ein Werkzeug, ein Tool, ein Transmitter des Evangeliums, aber niemals Selbstzweck! Das bedeutet: Wenn eine bestimmte kulturelle Verpackung des Evangeliums Menschen vom Verstehen und Annehmen des Evangeliums abhält, dann müssen wir die kulturelle Verpackung ändern. Wir würden sonst den Auftrag Jesu nicht erfüllen.

Paulus schreibt, dass er den Juden ein Jude geworden sei, um die Juden zu gewinnen, dass er allen alles geworden sei, um auf jede erdenkliche Weise wenigstens einige zu gewinnen.[31]

Die Kirche muss sich daher die Frage stellen, wie die Gemeindearbeit und das Gemeindebild geändert werden müssen, damit die christliche Gemeinde die Menschen mit dem Evangelium erreichen kann. Wie (Ausdrucksmittel, Sprache, Musik, Medien) kann sie die Botschaft der Retterliebe Jesu so ausdrücken, dass Menschen ohne Glaube und Kirche diese Botschaft verstehen und darauf reagieren können?

Wichtig ist dabei, dass das Evangelium unter dem Postulat der Verständlichkeit für Religionslose nicht dem Zeitgeist angepasst und hedonistisch verwässert wird. Die große Kunst der Inkulturation des Evangeliums in die Welt von areligiösen Menschen besteht darin, eine anstößige Botschaft, die dem Zeitgeist widerspricht und weder zeitgemäß noch bequem ist, so auszudrücken, dass die Menschen den Glauben als sinnvolle Alternative für ihr Leben entdecken.

Das bedeutet weiter, dass die Kirche Glaubenskurse entwickeln muss, die sich mit grundlegenden Sichtweisen des Atheismus auseinandersetzen, Glaubenskurse, in denen die christlichen Antworten an die Verstehenswelt von Atheisten anknüpfen. Folgende Fragen spielen dabei eine äußerst wichtige Rolle: Was ist Wirklichkeit? Wie verhalten sich Evolutionslehre und Schöpfungsglaube zueinander? Wo wohnt Gott? Wie kann man sich eine geistige Welt vorstellen? Wie verhalten sich materielle und spirituelle Welt zueinander und wie passt das in ein wissenschaftliches Weltbild? Wie kann man sich das Wirken Gottes vorstellen? Wie bekommt man Glaube und Naturwissenschaft zusammen? Wie passen die Auferstehung Jesu und der Glaube an ein Leben nach dem Tod in ein wissenschaftliches Weltbild? Wie kann man sich das vorstellen? Wer ist der Mensch aus christlich-biblischer Sicht? Wie passen Wunder und Naturgesetze zusammen?

Für alle Sinne

Kirche war in ihrer Verkündigung schon immer multimedial, freilich jeweils auf dem Stand ihrer Möglichkeiten. Schon immer haben Christen alle möglichen Medien eingesetzt, um das Evangelium zu illustrieren und die Größe und Schönheit Gottes auszudrücken. Die besten Künstler der Welt, Musiker, Architekten, Maler, haben ihr Können in den Dienst der Guten Nachricht gestellt. Die großartigsten Gebäude der Welt sind die Kathedralen. Herrliche Glasfenster erzählen die Geschichte der suchenden Liebe Gottes und tauchen das Kircheninnere in ein faszinierendes Licht. Mit unglaublichem Einfallsreichtum und üppiger Kreativität versuchen Menschen, Gott zu ehren und seiner Macht und Wahrheit irdischen Ausdruck zu verleihen, der unsere Sinne anspricht und uns das Wesen des Evangeliums nahebringt: mit wunderbaren Gemälden, originellen, herausfordernden Predigten, mit zu Herzen gehenden Liedern, begleitet vom mächtigsten Instrument – der Orgel –, mit bunten Priestergewändern. Das geht bis hin zum Einsatz von Weihrauch, der durch seinen Geruch die Sinne des Menschen auf himmlische Dinge ausrichten helfen soll.

Freilich ist manches davon für einen nüchternen, wortzentrierten Protestanten überflüssiger Schnickschnack. Aber über eines herrscht Einigkeit: Das Evangelium muss laut werden, hörbar und erfahrbar in unterschiedlicher Gestalt. In unserer Zeit haben sich die Ausdrucksmöglichkeiten des Menschen frappierend erweitert. Viele neue Medien sind hinzugekommen. Die Menschen sind es gewohnt, Worte, Musik, Bilder und Farben in außerordentlicher Vielfalt und Qualität geboten zu bekommen. Und die Kirche? Sollte sie nicht ihrer alten Tradition folgen? Die wahren Traditionalisten werden sich aufmachen, Wort und Größe Gottes auch in der Sprache der neuen Medien auszudrücken.

In der postmodernen Missionssituation sollen die neuen Medien unseren Mitmenschen, die ohne Gott und Kirche leben, das Wort Gottes verständlich nahebringen. Dabei ist eines wichtig: Schon immer stand die Kirche in der Gefahr, sich in Äußerlichkeiten zu verlieren und zu verlieben und die Form zum Selbstzweck werden zu lassen. Die neuen Medien wie etwa Filmsequenzen und Bilder über Beamer, Klang-Samples, der Einsatz von Licht, Anspiel usw. sind lediglich Instrumente, um die Gute Nachricht von Jesus zu illustrieren. Letzteres ist eigentlich gar kein neues Medium, wie die Existenz von Passionsspielen beweist.

Dabei darf man jedoch nicht vergessen: Nicht die neuen Medien bringen Menschen zu Gott, sondern das Wort Gottes, das Menschenherzen erreicht, sodass sie zu ihrem Schöpfer umkehren. Mission durch den Einsatz multimedialer Ausdrucksformen ist eine Möglichkeit, das Evangelium in eine moderne Mediengesellschaft zu inkulturieren. Wir müssen aber konsequent zwischen Form und Inhalt unterscheiden. Wir nehmen das alte kostbare Evangelium (Inhalt) und setzen es um in die Verstehenswelt der Menschen (Form). Kirche, die ihre Botschaft nur einseitig in der Sprache der Hochkultur artikuliert (Orgel, agendarischer Gottesdienst, klassische Musik, akademische Predigten), verzichtet auf das Übersetzen des Evangeliums in die Verstehenswelt vieler Menschen. An dieser Stelle ist die Evangelische Kirche zu loben. Sie steht in der großen Freiheit, ausstrahlende und einladende Arbeitsformen der Kirche immer wieder neu zu erfinden, damit möglichst viele den Ruf zur Umkehr hören. Der Katholizismus erscheint mir zu sehr in abgehobenen Formalismen erstarrt, um die Gute Nachricht für Nichtkatholiken verstehbar zu machen.

Kontrastgesellschaft

Es ist der Kirche noch nie gut bekommen, wenn sie gemeinsame Sache mit den Herrschenden gemacht hat. Einer der Gründe für den Niedergang des Christentums in Mitteldeutschland besteht in der Einrichtung landesherrlicher Kirchenregimenter. Dieses Wortmonster meint die traurige Tatsache, dass in der Folge von Luthers Reformation die weltlichen Fürsten zugleich die Kirchenführer ihrer nun evangelischen Landeskirchen wurden. Die unselige Ehe von Thron und Altar, Kirche und Staat bestand bis 1918.

Wo die Geschichte anders verlief, konnte die Entkirchlichung nicht so tief in das Volk eindringen. Zum Beispiel hat Sachsen heute den besten evangelischen Kirchenbesuch von ganz Deutschland. Das ostdeutsche Bundesland rangiert sogar vor dem frommen Südwesten unseres Landes. Aus machtpolitischen Erwägungen war das sächsische Königshaus vom evangelischen Glauben zum Katholizismus konvertiert. Damit war der Sachsenkönig nicht mehr kirchliches Oberhaupt der Evangelischen Kirche Sachsens. Diese konnte nun in relativer Unabhängigkeit zu einer geistlichen Opposition und einem kritischen Gegenüber des Staates werden. Als der Prediger der Kreuzkirche wieder einmal den König in einer Predigt kritisierte, rieten ihm seine Minister, gegen den Geistlichen vorzugehen. Der Sachsenkönig erwiderte darauf resigniert: „Die Kanzel der Kreuzkirche ist mir zu hoch."

Der katholische Theologe Gerhard Lohfink hat ein beeindruckendes Buch mit dem Titel „Wie hat Jesus Gemeinde gewollt?"[32] geschrieben. Er untersucht darin, nach welchen Kriterien die Gemeinde zur Zeit des Neuen Testaments und der ersten Jahrhunderte gebaut wurde. Er kam zu dem Ergebnis, dass Kirche „Kontrastgesellschaft [ist], die zur Welt in einem scharfen Gegenüber steht". Als „Kontrastgesellschaft" ist sie berufen, mit allen ihren Lebensäußerungen ein Zeichen des Widerspruchs und ein Kontrast zur Gesellschaft zu sein, ein Gegenentwurf der Liebe und des Glaubens gegen den Mainstream des Egoismus und der Machtgeilheit. Daher muss Kirche im Namen Jesu aufseiten der Armen, Entrechteten, ungeborenen Babys, Ausgebeuteten und Diskriminierten stehen. Und sie muss ihre Stimme gegen die Strukturen dieser Welt erheben, die sich in Rassendiskriminierung, Sexismus, Umweltzerstörung, Ausbeutung der Menschen in der Dritten Welt manifestieren. Soziale Gerechtigkeit ist zwar noch nicht die Erlösung des Menschen, aber das Evangelium ist immer ganzheitlich und zielt darauf, dass der Mensch in allen Bereichen des Lebens Gottes Güte erfährt.

Eine selbstkritische Kirche

In der Kirche ist viel danebengelaufen. Das zu beschönigen wäre dumm und unwahrhaftig. Aber Licht und Schatten liegen eng beieinander. Der Umgang mit der eigenen Vergangenheit ist eine Gratwanderung zwischen zwei Extremen: rosarotem Beschönigen und permanenter Selbstdiffamierung. Die Kirche hat in ihrer Vergangenheit viel Segen gewirkt und es sind in ihrem Namen abscheuliche Verbrechen begangen worden. Ihren Weg durch die Geschichte säumen großartige Werke der Barmherzigkeit und übelste Kämpfe um Macht und Einfluss. Letzteres zu leugnen macht die Kirche unglaubwürdig.

Allerdings beobachte ich, dass religionskritische Geister die Geschichte der Kirche auf Fehlentwicklungen reduzieren. Christliche Geschichte wird einseitig als Verbrechensgeschichte wahrgenommen. Eine selbstkritische Kirche befindet sich im Dialog mit ihren Kritikern. Es geht dabei auch um ein differenzierteres Bild des Christentums, und es geht darum, aus den Fehlern der Vergangenheit zu lernen.

Die Kirche hat sich sowohl inhaltlich als auch praktisch radikal neu ausgerichtet. Das gilt sowohl für die Katholische Kirche als auch für die alten protestantischen Kirchen. Ich kenne keine andere Bewegung oder Organisation, die so konsequent aus den Fehlern der Vergangenheit lernte. Dies war aber nur möglich, weil man sich selbst im Lichte des Evangeliums radikal hinterfragte. Diese Selbstkritik darf aber keine Übung sein, die sich nur mit der Vergangenheit befasst.

Welches Stück?

Über das Wiener Burgtheater erzählt man sich folgende Geschichte: Mitten im Stück hatte ein Schauspieler plötzlich einen Texthänger. Er wusste nicht weiter. Die Souffleuse flüsterte ihm die nächste Textzeile zu. Nichts geschah. Der Schauspieler starrte schweigend vor sich hin. Die Souffleuse versuchte es noch einmal, nun etwas lauter. Der Schauspieler blieb stumm. Noch einmal sprach die Souffleuse den Text vor, diesmal noch lauter und dazu die nächsten zwei Zeilen. Plötzlich wendete sich der Schauspieler zur Souffleuse um und zischte laut: „Keine Details bitte! Das Stück! Welches Stück?"

Ich habe den Eindruck, dass die Kirchen das Stück vergessen haben, das sie spielen sollen. Sie sind so mit ihrer Identität und mit Detailfragen beschäftigt, dass sie das große Ganze aus den Augen verloren haben. Das Stück heißt „Evangelium" und es handelt von der Liebe Gottes zu allen Menschen. Diese Liebe kommt durch Jesus zu uns, in der Schönheit der Schöpfung und in der Erfahrung der rettenden Liebe durch den Heiligen Geist. Statt dieses Stück für die Welt zu spielen, so mein Eindruck, ziehen sich die Kirchen in ihre Ecken, ihre Riten, ihre Sprache, ihr Milieu, ihre Kultur zurück. Fast alle kirchlichen Programme zielen einseitig auf die Versorgung der Insider. Kirchendistanzierte Menschen finden nur schwer einen Zugang. Sie erleben Kirche häufig als eine Institution, die hauptsächlich mit ihrem Überleben und dem Tradieren ihrer Kultur beschäftigt ist. Menschen ohne kirchliche Sozialisation haben fast keine Chance, bei Gott und seiner Kirche eine Heimat zu finden. Was suchende Menschen in der Kirche an gähnender Langeweile entdecken, das schreckt viele zeit ihres Lebens davon ab, sich je wieder ernsthaft mit dem christlichen Glauben zu befassen. Kirche ist aber nach dem Willen Gottes kein Selbstzweck, sondern Gottes heiliges Werkzeug, um der Welt die Liebe und Zuwendung Gottes in Wort und Tat zu bringen. Sie hat keine Mission, sie *ist* Mission.

Die Kirchen in Europa haben es in ihrer Geschichte nie wirklich gelernt, im eigenen Land missionarisch zu leben. Sie hatten das in der Vergangenheit nicht wirklich nötig. Die Menschen gehörten durch die Taufe automatisch dazu. Man musste die Gemeindeglieder lediglich im Glauben unterweisen und religiös betreuen. Sie wurden sakramentalisiert und parochisiert, aber oft nicht wirklich missioniert.

Heute brechen die volkskirchlichen Strukturen weg. Es ist nicht länger selbstverständlich, dass jemand zur Kirche gehört. In Ostdeutschland ist das sogar die Ausnahme. Die reformatorischen Kirchen haben durch eine verkürzte Ekklesiologie (Lehre von der Gemeinde) die Christen weitgehend zu Konsumenten von Predigt und Sakrament degradiert. Die wichtigste Bekenntnisschrift der Evangelischen Kirchen – das Augsburger Bekenntnis – beschreibt Kirche als Versammlung der Gläubigen, in der evangeliumsgemäß gepredigt wird und die Sakramente gereicht werden. Christen sind Predigthörer und Sakramentsempfänger. Das ist einfach zu wenig. Es fehlt die missionarische, apostolische, universale Dimension des Glaubens. Kirche wird zu einem Ort religiöser Dienstleistungen.

In der Praxis hat das zu einer Mentalität geführt, in der vor allem gefragt wird: „Was hat die Kirche mir zu bieten?" Christen *gehen* in die Kirche, statt die Kirche zu *sein*. Sie wollen gut unterhalten und versorgt werden. Die Priorität besteht nicht in der Frage: „Wie können wir die Menschen erreichen, die nichts vom Evangelium wissen?" Man will sich vor allem unter seinesgleichen wohlfühlen.

Mir erscheint Kirche häufig als Wohlfühlgemeinschaft von religiös interessierten Menschen fortgeschritteneren Alters. Gottes Aufgabe für seine Kirche ist aber, dass sie seine Sehnsucht nach den kostbaren Menschen ausdrückt, statt sich nur mit sich selbst zu befassen. Eine Frage hat absolute Priorität: „Erreichen wir die Menschen in unserer Umgebung, die ohne Glauben und Kirche leben?" Denn, so schreibt Papst Benedikt XVI.: „Es gibt nichts Schöneres, als vom Evangelium, von Christus gefunden zu werden. Es gibt nichts Schöneres, als ihn zu kennen und anderen die Freundschaft mit ihm zu schenken."

▶▶ Anmerkungen

[1] Eberhard Tiefensee hat eine Reihe von bemerkenswerten Aufsätzen geschrieben, von denen ich zwei hier aufführe: „Christliche Botschaft in areligiöser Umgebung", in: Eberhard Tiefensee, Klaus König, Engelbert Groß: „Pastoral- und Religionspädagogik in Säkularisierung und Globalisierung", Berlin 2006, S. 17–38. „Areligiosität. Annäherung an ein Phänomen", in: „Die sogenannten Konfessionslosen und die Mission der Kirche", Festgabe für Hartmut Bärend, Neukirchen 2007, S. 66–80.

[2] Monika Wohlrab-Sahr: „Religionslosigkeit als Thema der Religionssoziologie", in: „Pastoraltheologie", Band 90, 2001, S. 152–167.

[3] Gerhard Schmidtchen: „Wie weit ist der Weg nach Deutschland", Opladen 1997, S. 155.

[4] In Westdeutschland sind 17 Millionen Menschen konfessionslos (25 Prozent der Bevölkerung), in Ostdeutschland 12 Millionen (75 Prozent der Bevöl-

kerung). In Westdeutschland gehören demnach 5 Millionen mehr Menschen keiner Kirche an. Viele Konfessionslose sind freilich keine Atheisten bzw. Areligiöse. Unter ihnen gibt es Esoteriker, Gottgläubige usw. Aber Fakt ist, dass Konfessionslosigkeit und Atheismus keine ostdeutschen Phänomene sind, auch wenn ihr Anteil deutlich höher ist. Interessanterweise kommen laut „Religionsmonitor" der Bertelsmann Stiftung Atheismus und Areligiosität auch innerhalb der Kirche vor: 15 Prozent der katholischen Kirchenmitglieder und 17 Prozent der evangelischen sind areligiös. Der Anteil von Areligiösen (der Religionsmonitor nennt sie Nichtreligiöse) in der Bevölkerung beträgt im Westen unseres Landes 19 Prozent, das sind zirka 12,5 Millionen Menschen. Im Osten beträgt ihr Anteil 63 Prozent, das sind rund 10,4 Millionen Areligiöse. Wir sehen, die Zahlenverhältnisse bei den Areligiösen liegen ähnlich wie bei den Konfessionslosen: In absoluten Zahlen gibt es in Westdeutschland mehr Areligiöse als in Ostdeutschland. Vgl. dazu: „Religionsmonitor 2008", Bertelsmann Stiftung (Hg.), Gütersloh 2007.

[5] Erich Loest: „Durch die Erde ein Riss. Ein Lebenslauf", München 1990, S. 36.

[6] André Frossard: „Gott existiert. Ich bin ihm begegnet", Freiburg 1979, S. 8 und S. 25.

[7] 1. Korinther 13,9; 2,6–16

[8] Dieser Satz stammt von einem eigentlich höchst

ehrenwerten, großartigen Dichter, von Leo Tolstoi. Man muss seine Zeit und sein Umfeld im Blick haben, um die Schärfe dieser Aussage zu relativieren. Wenn man seine „Kreutzersonate" und andere Spätwerke liest, so kann man feststellen, dass er in Hinblick auf Moral und Religion zu völlig überzogenen Ansichten neigte.

[9] Ich weiß, wovon ich rede. Als Schüler in einer von Stalins und Ulbrichts Ungeist kontaminierten Schule war ich Zeuge, wie Christen immer wieder wegen ihres Glaubens diskriminiert und gedemütigt wurden.

[10] Manfred Lütz: „Gott. Eine kleine Geschichte des Größten", München 2007, S. 263 und S. 265.

[11] Rudolf Otto: „Das Heilige. Über das Irrationale in der Idee des Göttlichen und sein Verhältnis zum Rationalen", Breslau 1917, Nachdruck München 1988.

[12] Theresia Maria de Jong: „Glaube, Hoffnung, Heilung", in: Psychologie Heute 3, 2005.

[13] Michael A. Persinger: *Neuropsychological Bases of God Beliefs,* New York 1999.

[14] Andrew Newberg u. a.: *God Won't Go Away,* New York 2001.

[15] 1. Korinther 15,6

[16] Johannes 14,22–23

[17] Waltraud Herbstrith: „Das wahre Gesicht Edith Steins", München 1987, S. 57.

[18] Manfred Lütz, a. a. O., S. 205.

[19] Peter Medawar: „Hypothesis and Imagination", in: A. Schlipp (Hg.): *The Philosophy of Karl Popper*, La Salle, USA, 1974, S. 275.

[20] Raymond A. Moody: „Leben nach dem Tod. Die Erforschung einer unerklärlichen Erfahrung", Reinbek, Berlin 2001.

[21] „Katechismus der katholischen Kirche, Kompendium", München 2005, S. 69 und S. 82.

[22] Matthäus 16,18

[23] 1. Thessalonicher 1,5

[24] 1. Korinther 2,4

[25] Die katholische Kirche kennt noch weitere Sakramente, insgesamt sieben, in denen der Heilige Geist wirkt.

[26] Klaus-Peter Jörns: „Die neuen Gesichter Gottes. Was die Menschen heute wirklich glauben", München 1997.

[27] Markus 6,1–6

[28] Markus 2,1–12

[29] Markus 5,24–34

[30] Dieser berühmt gewordene Satz stammt von dem deutschen Theologen und Gemeindeaufbauexperten Fritz Schwarz.

[31] 1. Korinther 9,19–23

[32] Gerhard Lohfink: „Wie hat Jesus Gemeinde gewollt?", Freiburg 1991^9.